요즘 어린이 속담

글 강지혜 | 그림 유영근

펴낸날 2022년 5월 19일 초판 1쇄, 2024년 11월 1일 초판 4쇄
펴낸이 이재성 | **기획·편집** 고성윤, 조광현 | **디자인** 이원자 | **영업·마케팅** 김미랑 | **제작·물류** 김정식, 신재길
펴낸곳 루크하우스 | **주소** 서울시 서초구 사임당로 50 해양빌딩 504호
전화 02)468-5057 | **팩스** 02)468-5051 | **출판등록** 2010년 12월 15일 제2020-203호
www.lukhouse.com cafe.naver.com/lukhouse

© 강지혜, (주)루크하우스 2022
저작권자의 동의 없이 무단 복제 및 전재를 금합니다.

ISBN 979-11-5568-530-3 74700

※ 잘못된 책은 구입처에서 바꾸어 드립니다.
※ 값은 뒤표지에 있습니다.

상상의집은 (주)루크하우스의 아동출판 브랜드입니다.

차례

등장인물 ………………… 8

인물 관계도 ………………… 9

프롤로그
꿈을 이루어 주는 속담 요정 이루아! …· 10

01 쇠뿔도 단김에 빼라 ………… 14
02 시작이 반이다 ……………… 16
03 백지장도 맞들면 낫다 ……… 18
04 발 없는 말이 천 리 간다 …… 20
05 벼룩의 간을 내먹는다 ……… 22
06 누워서 떡 먹기 ……………… 24
07 길고 짧은 것은
   대어 보아야 안다 …………… 26
08 쏘아 놓은 살이요
   엎지른 물이다 ……………… 28
09 세 살 적 버릇이
   여든까지 간다 ……………… 30
10 열 번 찍어 아니
   넘어가는 나무 없다 ………… 32
11 우물을 파도 한 우물을 파라… 34
12 닭 잡아먹고 오리 발 내놓기 … 36

13 마른하늘에 날벼락 ………… 38
14 돌다리도 두들겨 보고 건너라 … 40
15 원숭이도 나무에서 떨어진다 … 42
16 이 없으면 잇몸으로 살지 …… 44
17 남의 손의 떡은 커 보인다 …… 46
18 꿩 먹고 알 먹는다 …………… 48
19 방귀 뀐 놈이 성낸다 ………… 50
20 지렁이도 밟으면 꿈틀한다 … 52

속담왕 Lv.1
1등 같은 2등을 위하여! ……… 54

21 구더기 무서워 장 못 담글까 … 56
22 똥 누러 갈 적 마음 다르고
   올 적 마음 다르다 …………… 58
23 가는 말이 고와야
   오는 말이 곱다 ……………… 60

24 바늘 가는 데 실 간다 ········ 62
25 가지 많은 나무에 바람 잘 날이 없다 ············ 64
26 아니 땐 굴뚝에 연기 날까 ····· 66
27 하늘의 별 따기 ··············· 68
28 빈 수레가 요란하다 ·········· 70
29 공든 탑이 무너지랴 ·········· 72
30 도둑이 제 발 저리다 ········· 74
31 비 온 뒤에 땅이 굳어진다 ····· 76
32 칼로 물 베기 ················· 76
33 내 코가 석 자 ················ 78
34 말이 씨가 된다 ··············· 80
35 굼벵이도 구르는 재주가 있다 ···· 82
36 소 잃고 외양간 고친다 ········ 84
37 수박 겉 핥기 ················· 86

38 울며 겨자 먹기 ··············· 88
39 까마귀 날자 배 떨어진다 ······ 90
40 개구리 올챙이 적 생각 못 한다 ·· 92

속담왕 Lv.2
이루아! 절대 용서 못 해! ········ 94

41 윗물이 맑아야 아랫물이 맑다 ···· 96
42 자라 보고 놀란 가슴 솥뚜껑 보고 놀란다 ··········· 98
43 밑 빠진 독에 물 붓기 ········· 100
44 불난 집에 부채질한다 ········ 102
45 하늘은 스스로 돕는 자를 돕는다 ············· 104
46 콩 심은 데 콩 나고 팥 심은 데 팥 난다 ·········· 106
47 고래 싸움에 새우 등 터진다 ···· 108

48	가는 날이 장날 ············· 110
49	원수는 외나무다리에서 만난다 ················ 112
50	등잔 밑이 어둡다 ············ 114
51	도토리 키 재기 ············· 116
52	떡 줄 사람은 꿈도 안 꾸는데 김칫국부터 마신다 ········· 118
53	티끌 모아 태산 ············· 120
54	믿는 도끼에 발등 찍힌다 ····· 122
55	참새가 방앗간을 그저 지나랴 ··············· 124
56	첫술에 배부르랴 ············· 126
57	입이 열 개라도 할 말이 없다 ··· 128
58	산 넘어 산이다 ············· 130
59	금강산 구경도 식후경이라 ····· 132
60	구슬이 서 말이라도 꿰어야 보배 ··············· 134

속담왕 Lv.3
소년, 소녀를 만나다! ············· 136

61	미운 아이 떡 하나 더 준다 ····· 138
62	그림의 떡 ················· 140
63	땅 짚고 헤엄치기 ············ 142
64	흐르는 물은 썩지 않는다 ····· 144
65	엎드려 절받기 ············· 146
66	똥 묻은 개가 겨 묻은 개 나무란다 ················ 148
67	사촌이 땅을 사면 배가 아프다 ··· 150
68	열 길 물속은 알아도 한 길 사람의 속은 모른다 ····· 152
69	호박이 넝쿨째로 굴러떨어졌다 ··············· 154
70	아닌 밤중에 홍두깨 ·········· 156
71	달걀로 바위 치기 ············ 158
72	낮말은 새가 듣고 밤말은 쥐가 듣는다 ·········· 160
73	뛰는 놈 위에 나는 놈 있다 ····· 162
74	마파람에 게 눈 감추듯 ········ 164
75	쇠귀에 경 읽기 ············· 166

76	작은 고추가 더 맵다 ·········· 168
77	우물 안 개구리 ················ 170
78	닭 쫓던 개 지붕 쳐다보듯 ······ 172
79	짚신도 제짝이 있다 ············ 174
80	뱁새가 황새를 따라가면 다리가 찢어진다 ················ 176

속담왕 Lv.4
현실 자매 전쟁 ···················· 178

81	누이 좋고 매부 좋다 ·········· 180
82	소문난 잔치에 먹을 것 없다 ···· 182
83	하룻강아지 범 무서운 줄 모른다 ··············· 184
84	모르면 약이요 아는 게 병 ···· 186
85	가랑비에 옷 젖는 줄 모른다 ···· 188
86	벼 이삭은 익을수록 고개를 숙인다 ················ 190
87	꿩 대신 닭 ················· 192
88	피는 물보다 진하다 ··········· 194

89	보기 좋은 떡이 먹기도 좋다 ···· 196
90	하늘이 무너져도 솟아날 구멍이 있다 ············ 198
91	물에 빠지면 지푸라기라도 잡는다 ··········· 198
92	매도 먼저 맞는 놈이 낫다 ······ 200
93	말 한마디에 천 냥 빚도 갚는다 ············· 202
94	천 리 길도 한 걸음부터 ········ 204
95	다 된 죽에 코 빠졌다 ·········· 206
96	가재는 게 편 ··················· 208
97	황소 뒷걸음치다가 쥐 잡는다 ··················· 210
98	쥐구멍에도 볕 들 날 있다 ······ 212
99	누워서 침 뱉기 ················· 214
100	병 주고 약 준다 ················ 216

속담왕 Lv.5
어린이 속담왕은 누구? ············ 218

등장인물

루아

빛나초등학교 말싸움 대장 & 4학년 1반의 분위기 메이커

한때 전교를 떠들썩하게 만들었던 받아쓰기 10점의 주인공. 하지만 이제 맞춤법을 마스터하고, 속담왕을 꿈꾼다. 그 이유는 아마도 첫사랑?

시후

루아의 첫사랑. 태권도와 수영 등 운동을 좋아한다. 조용하고 겁이 많지만, 다정한 성격으로 인기도 많다.

유진

루아의 단짝 친구! 똑 부러지는 성격으로 책 읽기와 글쓰기를 좋아한다. 아이돌 굿보이즈의 리더 한결의 팬이다.

예린

루아의 또 다른 단짝 친구. 특기는 간지러움 참기. 그리고 의외의 특기 하나가 더 있었으니, 바로 속담!

민준

루아가 가장 친하게 지내는 남자 사람 친구이자 반 친구. 눈치 없고 단순하지만, 의리가 있고 마음도 따뜻하다.

수빈

툭하면 루아에게 시비를 건다. 그래서 루아와는 사이가 좋지 않다. 루아를 이기려는 목적 하나로 속담왕 대회에 나간다.

인물 관계도

루아네 가족

프롤로그
꿈을 이루어 주는 속담 요정 이루아!

누가 내 받아쓰기 점수를 학교에 소문냈었어.

결국 범인을 찾아서 채팅으로 말싸움을 했어!

말싸움에서 이기려고 맞춤법 공부도 열심히 했지!

이제 맞춤법왕이 됐으니, 공부는 안녕.

1. 쇠뿔도 단김에 빼라

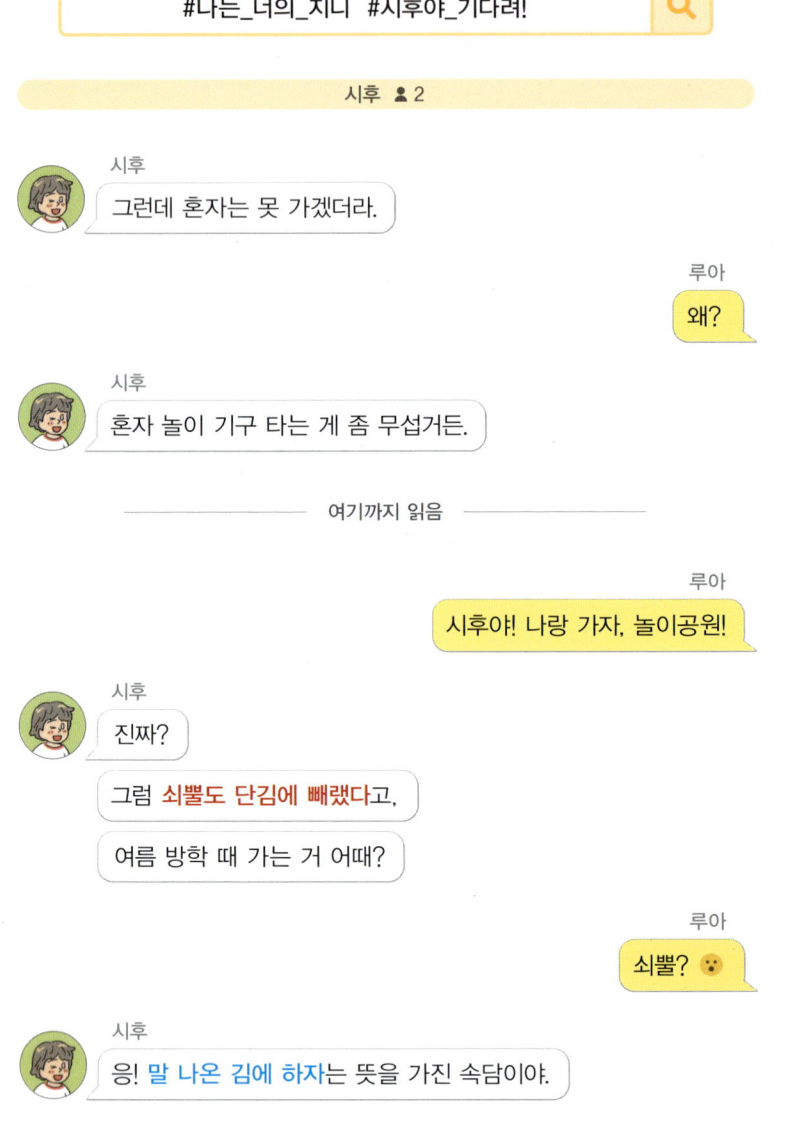

루아
아아 그렇구나. 😊

 시후
그런데 놀이공원 입장권 엄청 비싼데
어떡하지?

루아
걱정 마!
놀이공원 입장권은 내가 구할 테니까! 😊

쉿! 루아의 마음 일기

시후한테 꿈을 물었는데, 놀이공원에 가는 거라고 해서 귀여웠다. 그런데 그때 딱 속담왕 대회 포스터를 본 거다. 1등 상품이 바로 놀이공원 입장권 2장이다! 이건 시후와 놀이공원을 가라는 운명의 뜻이다. 꼭 1등을 해서 시후랑 놀러 가야지!

똑똑 속담

옛날에는 소의 뿔이 더 자라지 않도록 불로 달군 인두로 뿔을 지지곤 했어요. '쇠뿔도 단김에 빼라'라는 말은 인두가 달궈진 김에 소의 뿔을 지지라는 뜻이에요. 그러니까 어떤 일을 하려고 마음먹었다면, 망설이지 말고 바로 행동으로 옮기라는 것이지요.

2. 시작이 반이다

#속담_공부_시작! #경쟁자의_등장

♥ 우리 가족 ♥ 👤 4

루아
엄마! 아빠! 나 속담왕 대회 나갈 거야!

엄마
오, 멋진데? 😊

루아
그런데 좀 걱정이야.
나 속담은 하나도 몰라. 어쩌지? 😥

아빠
우리 딸, 맞춤법 공부도 했잖아.
시작이 반이다라는 속담이 있어.

루아
시작이 반이라고?

로운
나 그 속담 알아!
시작을 했다면 이미 반이나 한 것과 같다!

엄마
우리 로운이 속담 잘 아네.

로운
나도 그 대회 나갈 거야. 😎

루아
뭐야. 😫 오빠는 나오지 마!
오빠 속담도 잘 모르잖아!

로운
싫어. 내 마음이야. 메롱! 😛

🤫 루아의 마음 일기

　뭐야, 이로운도 속담왕 대회에 나가겠다니! 오빠는 나보다 두 살이나 많다. 그러니까 당연히 속담도 나보다 더 잘 안다. 나는 화가 나서 오빠한테 따졌지만, 오빠는 자기도 대회에 나가서 꼭 상을 탈 거라고 했다. 정말 이로운은 내 인생에 도움이 안 된다.

똑똑 속담

'시작이 반이다'라는 말은 무슨 일이든 시작하기가 어렵지, 일단 시작하면 끝마치기는 그리 어렵지 않다는 뜻이에요. 그러니 시작을 했다면 이미 반은 한 것과 다름없다는 것이지요.

 비슷한 속담? 속담!

⭐ **천 리 길도 한 걸음부터** : 무슨 일을 하려면 먼저 시작하는 게 중요하다.

3. 백지장도 맞들면 낫다

#뜻밖의_속담왕 #우정의_힘으로_속담_마스터!

♨ 영원한 삼총사 ♨ 👤 3

루아
> 나 오늘부터 속담 공부해야 돼.

예린
> 진짜 속담왕 대회 나가게?

유진
> 속담 되게 어렵던데…….

루아
> 유진이 너는 책도 많이 읽고 맞춤법도 잘 아니까,
> 속담도 잘 알지 않아?

유진
> 나는 속담은 약해. 😊

루아
> 뭐? 나는 너만 믿고 있었는데!

예린
> **백지장도 맞들면 낫다**니까, 나도 도와줄게.

유진
> 헉. 지금 우예린 속담 쓴 거 맞지?

예린
뭐지?

나 지금 속담 쓴 거?

루아

우예린 숨은 속담왕이었어! 👍

루아의 마음 일기

깜짝 놀랐다. 그 후로도 예린이랑 계속 톡을 했는데, 말만 하면 속담이 줄줄 나왔다. 같이 공부할 친구가 생겨서 좋다. 든든한 내 편이 생긴 기분! 아까 오빠가 속담 외우는 소리를 들었다. 하나밖에 없는 동생을 이기겠다고 저렇게 열심히 하다니. 정말 얄밉다. 그래도 나한테는 예린이와 유진이가 있으니까 걱정 없다.

똑똑 속담

백지장은 흰 종이 낱장을 말해요. 가벼운 종이라도 누군가와 같이 든다면 내 힘이 덜 들어가겠지요? **'백지장도 맞들면 낫다'**라는 말은 아무리 쉬운 일이라도 힘을 모으면 더 쉬워진다는 뜻이랍니다.

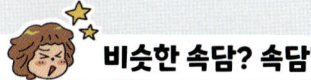

⭐ **열의 한 술 밥이 한 그릇 푼푼하다** : 열 사람이 한 숟갈씩 보태서 밥 한 그릇을 만든다.

4 발 없는 말이 천 리 간다

#우리_반에_커플이? #첫사랑_공개_선언

★ 4-1 친구들 ★ 👤 10

수빈
우예린이랑 이민준 사귄다며?

현호
헉! 진짜야? 😮

예린
뭐야? 박수빈 너 어디서 들었어?

수빈
발 없는 말이 천 리 가거든!
이미 소문 다 났어.

루아
야! 아니야. 네가 잘못 안 거야.

수빈
우예린이 이루아한테 이민준 얘기 하는 거 다 들음!

루아
그거 사실…… 내 얘기야.

현호
이루아 너 이민준 좋아해?

루아

아니, 나는 민준이 말고 강시후 좋아해!

도현

강시후?

강시후가 누구야?

쉿! 루아의 마음 일기

예린이는 민준이를 좋아한다. 하지만 아직 고백을 못했다. 그런데 갑자기 예린이랑 민준이가 사귄다는 이상한 소문이 퍼졌다. 둘이 진짜 사귀는 게 맞으면 그렇다고 할 텐데……. 예린이가 상처받을 게 뻔했다. 그래서 나도 모르게 내 사랑을 고백해 버렸다. 단톡방에서 왜 그런 말을 했을까. 시후가 알면 어쩌지?

 똑똑 속담

우리가 주고받는 '말'에는 발이 달려 있지 않아요. 하지만 소문이 된다면 순식간에 아주 먼 곳까지 퍼지지요. 말에는 발이 없어도, 금세 천 리 밖까지 닿을 수 있으니 늘 말조심을 해야 해요.

 **비슷한 속담? 속담!**

⭐ **낮말은 새가 듣고 밤말은 쥐가 듣는다** : 아무도 모르게 한 말이라도 반드시 남의 귀에 들어간다.

5. 벼룩의 간을 내먹는다

#오빠_나_한입만 #벼룩이라고_한_거_취소

로운 2

루아
오빠 학원 끝났어?

로운
응. 지금 라면 먹는 중. 🙂

루아
헉. 나도 라면! 나 이제 엘리베이터야!

로운
안 돼! 벼룩의 간을 내먹지! 😠
넌 새로 끓여서 먹어.

루아
쳇. 난 오빠가 먹는 라면이
제일 맛있어 보인단 말이야.
그리고 오빠가 벼룩이야?
벼룩 되게 작고 못생겼는데?

로운
속담이잖아, 속담.
너 속담 공부하면서 그것도 몰라?

> 루아
> 하긴. 오빠 벼룩 맞다.
> 속이 벼룩만 해서 동생한테 라면도 안 주고.

 로운
> 뭐라고? 이루아! 너 그 말 취소 안 해?

루아의 마음 일기

　나도 왜 그런지는 모르겠는데, 항상 오빠가 먹는 과자나 빵이 더 맛있어 보인다. 그럴 때마다 뺏어 먹고 싶다. 집에 도착하니까 오빠는 이미 라면을 다 먹은 뒤였다. 내가 뺏어 먹을까 봐 무서웠나. 그런데 갑자기 "네 라면은 새로 끓이고 있어." 하는 거다! 나는 오빠가 끓여 준 라면을 호로록 먹었다. 오랜만에 오빠한테 고마웠다.

똑똑 속담

'벼룩'은 2~4밀리미터로 아주 작은 곤충이에요. 그런 곤충의 몸속에 있는 간은 또 얼마나 작겠어요? '**벼룩의 간을 내먹는다**'라는 속담은 작은 곤충의 간까지 빼 먹을 만큼 하는 짓이 인색한 사람에게 써요.

비슷한 속담? 속담!

☆ **모기 다리에서 피 뺀다** : 가느다란 모기 다리에서 피를 빼는 것처럼 어려운 처지에 있는 사람에게 돈이나 물건을 뜯어낸다.

6. 누워서 떡 먹기

#나의_영원한_국어_선생님 #이루아는_떡보다_젤리지

외할머니 2

외할머니
우리 루아, 요즘 잘 지내?

루아
할머니, 나 요즘 속담 공부해!

외할머니
웬 속담? 맞춤법 공부는 다 끝났고?

루아
공부는 끝이 없어.
할머니는 속담 잘 알아?

외할머니
속담? 누워서 떡 먹기지.

루아
누워서 떡을 먹어?
그러면 소화 안 돼!

외할머니
하하. 아주 쉬운 일이라는 뜻의 속담이야.
루아는 젤리를 좋아하니까, 누워서 젤리 먹기는 어때?

루아
> 그건 너무 좋아. 😊
> 할머니랑 속담 얘기하니까 좋다.

 외할머니
> 모르는 거 있으면
> 언제든 할머니한테 물어봐! 🙂

루아의 마음 일기

역시 국어 선생님이었던 외할머니는 속담도 척척 잘 아신다. 또 어렵거나 이해가 잘 안 가는 것도 머릿속에 쏙쏙 들어오게 잘 알려 주신다. 아예 할머니네 가서 속담 공부를 해 볼까? 이로운은 무조건 빼고 갈 거다. 요즘 오빠가 공부를 엄청 열심히 하는데, 나를 놀리려고 공부하는 척만 하는 건지 진짜 공부를 하는 건지 모르겠다.

똑똑 속담

'눕기'는 우리가 할 수 있는 가장 편한 자세 중 하나예요. 그 상태로 맛있는 떡을 먹는다면 어떨까요? **'누워서 떡 먹기'**는 편하게 누워 맛있는 떡을 먹는, <u>아주 하기 쉬운 일을 이르는 말</u>이랍니다.

 비슷한 속담? 속담!

⭐ **누운 소 타기** : 누워 있는 소에 올라타는 것처럼 아주 쉬운 일이다.

7
길고 짧은 것은 대어 보아야 안다

#경쟁자_또_등장 #꼬이고_꼬인_우리_사이

수빈 2

수빈
이루아, 나도 속담왕 대회에 나가기로 했어.

루아
너도? 😮 너 속담 잘해?

수빈
그 대회 나가는 애들 꽤 많아.

루아
헉. 몰랐어. 경쟁자가 엄청 많아졌네.

수빈
길고 짧은 것은 대어 보아야 아니까,
각자 최선을 다해 보자고!

루아
무슨 말이야? 긴 건 뭐고, 짧은 건 뭔데?

수빈
이 속담도 몰라?

루아
나 이제 막 공부 시작했거든?

수빈
넌 꼴찌나 안 하면 다행이겠다.

루아
뭐? 😡

수빈
시후가 왜 너 같은 애랑 노는지 모르겠어.

루아
시후? 너 강시후랑 잘 알아?

 루아의 마음 일기

나는 박수빈이 싫다. 왜냐하면 박수빈이 먼저 나를 싫어했기 때문이다. 나도 우리 반 아이들을 다 좋아하고 싶은데, 어쩔 수가 없다. 내가 받아쓰기 10점을 맞았다는 소문이 났을 때도 박수빈이 제일 크게 웃었다. 다른 사람은 몰라도 박수빈은 꼭 이기고 싶다! 그런데 박수빈은 시후랑 어떻게 아는 사이지?

 **똑똑 속담**

어느 두 물건의 길이를 잴 때, 직접 대어 보는 게 가장 확실한 방법이에요. 마찬가지로 어떤 일이든 크고 작고, 이기고 지고, 잘하고 못하는 것의 결과는 실제로 겨루어 보거나 겪어 보아야 알 수 있지요.

8 쏘아 놓은 살이요 엎지른 물이다

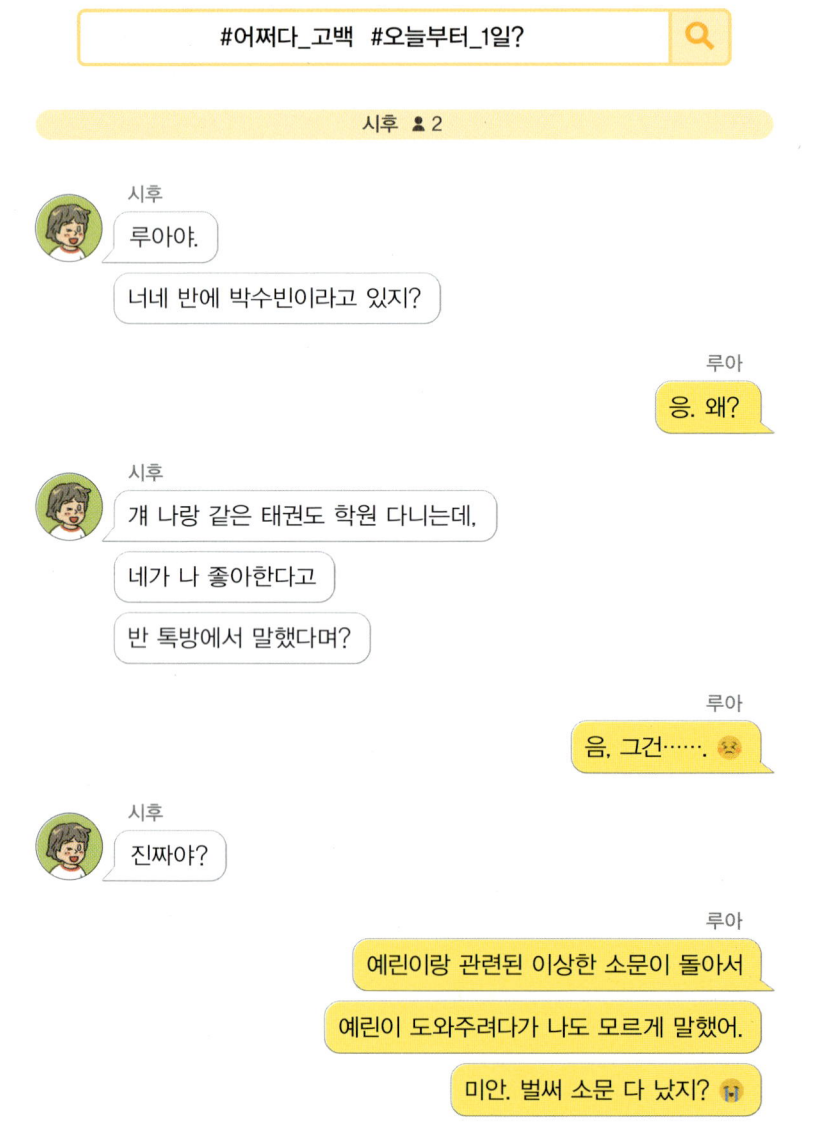

시후
이미 쏘아 놓은 살이요 엎지른 물이야.

그런데 루아야, 나도 네가 좋아.

우리 특별한 친구 사이 할래?

루아
특별한 친구 사이……?

쉿! 루아의 마음 일기

　비명을 지를 뻔한 걸 간신히 참고 있는데, 시후가 바로 전화를 걸었다. 전화로 시후와 무슨 이야기를 나누었는지 기억도 안 난다. 박수빈이 우리 반 단톡방 얘기를 시후한테 말해 버린 건 기분 나쁘지만, 덕분에 시후와 특별한 사이가 됐으니 이번에는 용서해 주려고 한다. 아무튼 중요한 건 오늘부터 우리는 1일이라는 거!

똑똑 속담

이미 쏜 화살은 멈출 수 없고, 한번 엎지른 물은 도로 담을 수가 없어요. 그래서 '쏘아 놓은 살이요 엎지른 물이다'는 한번 저지른 일은 되돌리거나 바로잡을 수 없다는 뜻이에요.

비슷한 속담? 속담!

★ **쏟아진 물**: 한번 저지른 일은 고치거나 멈출 수 없다.

9 세 살 적 버릇이 여든까지 간다

#누구나_버릇은_있다 #애벌레_퇴치_작전

♥ 우리 가족 ♥ 2 4

루아

어제 아빠랑 이로운이 애벌레를 낳았어!

아빠
 😟

엄마
 양말은 뒤집어서 세탁기에! 😠

루아
할머니가 그러는데, 아빠는 어릴 때도 그랬대.

엄마
 지금이라도 그 버릇 고쳐야 하는데!

로운
 맞아! 세 살 적 버릇이 여든까지 간댔어.

엄마
우리 로운이 요즘 입만 열면 속담이네. 멋지다!

루아
속담을 알면 뭐해?
버릇은 못 고치는데!

로운
알았어. 오늘부터 애벌레는 세탁기에 넣을게.

아빠
아빠도 여든 되기 전에 버릇 고칠게! 😅

쉿! 루아의 마음 일기

아빠가 애벌레를 만들어 놓으면, 봄이가 신나서 그걸 가지고 논다. 그러면 나는 봄이한테서 양말을 뺏어서 세탁기에 넣는다. 그런데 요즘은 아빠만이 아니라 오빠도 자꾸 애벌레를 만든다. 물론 엄마랑 나도 피곤하면 애벌레를 만들 때가 있다. 애벌레가 많은 날은 봄이가 신나게 노는 날이다.

똑똑 속담

'세 살 적 버릇이 여든까지 간다'라는 말은 어릴 때 몸에 밴 버릇은 늙어 죽을 때까지 고치기 힘들다는 뜻이에요. 그래서 어릴 때부터 나쁜 버릇이 들지 않도록 노력하는 게 좋답니다.

10
열 번 찍어 아니 넘어가는 나무 없다

#콧대_높은_고양이 #열_번_보면_친해지겠지?

♨ 영원한 삼총사 ♨ 👤 3

루아

예린
으악! 너무 귀엽다! 또 보고 싶어!

유진
그런데 봄이는 날 싫어하는 것 같아. 😢

루아
처음 봐서 낯설어서 그래.

유진
그래? 나만 보면 봄이가 도망가길래…….

예린
열 번 찍어 아니 넘어가는 나무 없다!

앞으로 봄이 열 번 보러 가자!

루아

맞아.

자꾸 보면 점점 친해질 거야.

유진
좋아! 다음에는 봄이가 좋아하는 간식 사 갈래.

쉿! 루아의 마음 일기

오늘은 예린이랑 유진이가 우리 집에 놀러왔다. 봄이랑 놀겠다고 잔뜩 기대를 하고 왔는데, 봄이가 캣 타워 위에서 그대로 몸이 굳어 버렸다. 유진이는 강아지를 키운다. 혹시 유진이에게서 나는 강아지 냄새를 맡고 봄이가 놀란 걸까? 예린이는 몇 번 본 적이 있어서 그런지 잘 논다. 얼른 유진이도 봄이랑 친해지면 좋겠다.

똑똑 속담

단단한 나무라도 여러 번 찍으면 넘어갈 수밖에 없어요. 마찬가지로 아무리 뜻이 굳은 사람이라도 여러 번 권하거나 꾀고 달래면 결국 마음이 변한다는 뜻이에요. 물론 사람의 마음을 얻는 법은 나무를 베는 일보다 어려워요. 하지만 진심을 다한다면 통하겠지요?

11 우물을 파도 한 우물을 파라

#멋있다_태권_소년 #나의_우물을_찾아서

시후 2

시후
나 태권도 품띠 심사 합격했어! 🙂

루아
우아, 그거 좋은 거지?

시후
응! 이제 나 3품이야!

루아
멋지다! 😎

루아
시후, 너 태권도 꽤 오래 하지 않았어?

시후
응. 1학년 때부터 했어.

루아
진짜 오래했다.

시후
사실 중간에 그만두고 싶을 때도 있었거든?
시후
그런데 관장님이 **우물을 파도 한 우물만 파는 게 좋다**고 하셔서
시후
포기하지 않고 열심히 했지! 😎

루아
태권도 학원에서 우물도 파? 😮

시후

아니, 아니.
한 가지 일을 꾸준히 하면 좋다는 뜻이야.

루아
나도 너처럼 뭔가 하나를 오래 배우면 좋을 텐데.

 루아의 마음 일기

나는 시후가 태권도를 그렇게 오래 한 줄 몰랐다. 갑자기 시후가 대단해 보인다. 사실 나도 여러 가지를 배워 봤지만, 다 금방 관뒀다. 피아노도 치다 말았고 미술 학원도 다니다가 끊었다. 발레 학원은 진짜 나랑 안 맞았다. 나도 시후처럼 나의 '우물'을 찾고 싶다.

 똑똑 속담

'우물'은 물을 얻기 위해 땅을 깊이 파서 만든 지하수 시설을 말해요. '우물을 파도 한 우물을 파라'라는 말은 어떤 일이든 한 가지 일을 포기하지 않고 끝까지 하면 성공할 수 있다는 뜻이에요. 물을 얻으려면 생각보다 더 깊이 구덩이를 파야 하거든요.

12 닭 잡아먹고 오리 발 내놓기

#꼭꼭_숨어라_속담책 #공부하게_둘_순_없어!

로운 2

로운
너 내 속담책 가져갔어?

루아
무슨 소린지 모르겠네.

로운
너 지금 나 공부 못 하게 하려고 그러는 거지? 😠

루아
엄마가 이따 치킨 사 온대!

로운
왜 내 말에 대답 안 해?
닭 잡아먹고 오리 발 내놓지 마.
다 알아.

루아
음, 그 속담 뜻이 뭐더라.
잠깐만.

로운
지금 내 책으로 찾아보고 있는 거잖아!

루아
어떻게 알았지? 😛

로운
당장 내놔!

루아
몰래 숨겨 놔야지!

쉿! 루아의 마음 일기

　　오빠 방에서 우연히 속담책을 발견했다. 책을 펼쳐 보니 공부를 열심히 했더라. 나는 속담 공부에 좀처럼 속도가 나지 않는데, 오빠 책에는 스티커도 붙어 있고 밑줄도 그어져 있었다. 정말 열심히 공부를 하는 모양이다! 게임왕 이로운이 왜 갑자기 속담에 빠졌을까. 처음에는 날 이기려고 그러는 줄 알았는데, 다른 속셈이 있는 것 같다.

 똑똑 속담

주인 몰래 닭을 잡아먹은 사람이 있어요. 그런데 주인에게 닭을 잡아먹지 않았다고 '오리 발'을 내놓는 거예요. 그러면 주인의 기분은 어떨까요? 황당하고 화가 나겠지요? **'닭 잡아먹고 오리 발 내놓기'**는 옳지 못한 일을 저지르고 엉뚱한 수작으로 속여 넘기려는 태도를 말해요.

 **비슷한 속담? 속담!**

☆ **눈 가리고 아웅** : 얕은 수로 남을 속이려 한다.

13 마른하늘에 날벼락

#내일_시험이라고? #날벼락_같은_소식

★ 4-1 친구들 ★ 👤 10

준수
끔찍한 소식 하나 전할게.
내일 우리 반 단원 평가 볼지도 몰라.

도현
안 돼! 😢

민준
오 노오오오!

예린
이게 무슨 **마른하늘에 날벼락**이야. 😭

미주
으아아악!

준수
3반은 어제 봤나 봐.
그리고 부모님한테 사인 받아 오랬대.

민준
내 시험지 보면 우리 엄마 아빠도
날벼락 맞은 기분일 듯. 😅

루아
갑자기 시험이라니, 말도 안 돼.
아, 울고 싶어.

현호
오늘 밤에 벼락치기 해야겠다!

 루아의 마음 일기

나는 시험의 '시옷' 자도 싫다. 단원 평가를 본다는 소식에 우리 반 아이들 모두 비명을 질렀다. 단톡방 안에서 "으악!" 하는 소리가 다 들리는 것 같았다. 단원 평가라니. 정말 싫다. 그래도 우리 반 선생님은 부모님께 사인 받아 오라고 하지 않아서 다행이다.

 똑똑 속담

'마른하늘'은 맑게 갠 하늘을 말해요. 그런데 맑은 날씨에 갑자기 날벼락이 친다면 당황스럽겠지요? **'마른하늘에 날벼락'**이라는 속담은 이처럼 **뜻하지 않은 상황에서 발생하는 재난**을 말해요.

 **비슷한 속담? 고사성어!**

靑 天 霹 靂
푸를 **청** 하늘 **천** 벼락 **벽** 벼락 **력(역)**

청천벽력
: 맑은 하늘에서 치는 날벼락

14
돌다리도 두들겨 보고 건너라

#할머니_보러_가는_날 #유통기한_확인_필수!

외할머니 2

루아
할머니! 우리 할머니네 왔어. 어디야?

외할머니
루아 온다고 해서 마트 왔지.

루아
나 배고파! 언제 와? 😭

외할머니
10분만!
할머니가 오늘 삼계탕 해 줄게!

루아
나 식탁에 있는 빵 먹어도 돼?

외할머니
유통기한 한번 볼래? 날짜가 지난 것 같은데…….

루아
괜찮은 것 같은데? 냄새도 안 나고!

외할머니
돌다리도 두들겨 보고 건너라잖아.

루아

이틀 남았어! 😀

한 입만 먹을게!

 외할머니

응! 조금만 기다려.

쉿! 루아의 마음 일기

오랜만에 외할머니 집에 왔다. 나는 할머니 품에 안겨서 막 뛰었다. 엄마 아빠는 내가 더 어릴 때부터 회사를 다니셨는데, 그래서 외할머니께서 나를 돌봐 주러 우리 집에 오시곤 했었다. 그때 할머니랑 밥도 먹고, 텔레비전도 보고, 놀이터도 가고 참 좋았다. 나중에 돈을 많이 벌면 꼭 할머니랑 같이 살 거다!

똑똑 속담

돌다리는 돌로 만들었기 때문에 튼튼하지만, 언제나 그런 것은 아니에요. 무심코 돌다리를 건넜다가 다리가 무너지기라도 한다면 큰일이겠지요. 그럴 때를 대비해 돌다리를 두들겨 보고 건너라는 거예요. 잘 아는 일이라도 세심하게 주의를 기울여야 한다는 의미로 이 속담을 쓴답니다.

비슷한 속담? 속담!

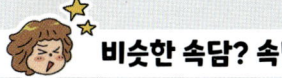 : 아무리 쉽고 익숙한 일이라도 신중하게 해야 한다.

15
원숭이도 나무에서 떨어진다

#민준이가_깁스를? #원숭이나_다람쥐나

민준 2

루아
민준아, 내일 자전거 타고 놀래?

민준
안 좋은 소식. 😂 나 다리에 깁스했어.

루아
헉. 어쩌다가?

민준
자전거 타다가 넘어졌어. 😭

루아
다람쥐도 나무에서 떨어진다더니!
너 자전거 잘 타잖아.

민준
원숭이도 나무에서 떨어진다 아니야?

루아
맞아! 원숭이!
다람쥐나 원숭이나
나무 잘 타는 건 똑같잖아.

민준
그런가?

루아
내가 내일 너희 집으로 갈게.

민준
그래!
와서 내 깁스에 사인해도 돼. 🙂

쉿! 루아의 마음 일기

민준이는 자전거를 아주 잘 탄다. 운동장 모래에서도 속도가 빠르다. 민준이는 나중에 자전거를 타고 세계를 여행할 거라고 했다. 왠지 어울린다. 그런 민준이가 자전거를 타다가 넘어지다니! 내일 민준이를 만나면 얼른 나으라고 깁스에 사인을 해 줘야겠다.

똑똑 속담

원숭이는 긴 팔과 다리로 나무를 자유롭게 타고 넘는 동물이에요. 그런 원숭이도 나무에서 떨어질 때가 있지요. '**원숭이도 나무에서 떨어진다**'라는 속담은 어떤 일이든 아무리 잘하고 익숙한 사람이라도 실수할 때가 있다는 의미로 쓰여요.

비슷한 속담? 속담!

☆ **닭도 홰*에서 떨어지는 날이 있다** : 익숙한 일도 가끔 실수할 때가 있다.

✱ 홰 : 닭장에 닭이 올라앉을 수 있도록 만들어 놓은 나무 막대

16 이 없으면 잇몸으로 살지

#갑자기_정전이라니 #자나_깨나_불조심

♥ 우리 가족 ♥ 👤 4

루아
엄마! 아빠! 갑자기 전기 나갔어!

로운
집이 깜깜해. 😭

아빠
20분 있으면 아빠 집 도착하니까 조금만 기다려.

엄마
엄마는 오늘 야근. 😭
냉장고 자꾸 열지 말고 있어!

루아
안방에 있는 초에다가 불 켜면 안 돼?

로운
오, 좋은 생각! 내가 불 붙일게!

엄마
엄마는 좀 걱정되는데?

로운
조심히 할게!

> 루아
> 와! 오빠가 지금 불 켰어!
> 갑자기 생일 파티 분위기야!

아빠
> 조심해.
> 아빠가 얼른 갈게.

> 루아
> 전기가 없으면 어때?
> 이 없으면 잇몸으로 살면 되지!
> 헉! 나 지금 처음으로 속담 썼다! 🙂

쉿! 루아의 마음 일기

갑자기 우리 집에 전기가 나갔다. 예전에 엄마가 안방에서 양초를 가져와 불을 켰던 기억이 났다. 그래서 오빠가 안방에 있는 초에다가 불을 붙였다. 깜깜한데 촛불을 켜니까 기분이 좋았다. 그리고 오늘 처.음.으.로. 속담을 써서 기분이 더 좋았다!

똑똑 속담

'이'는 음식을 씹는 중요한 기관이에요. 그런 이가 사라지면 어떻게 될까요? '이 없으면 잇몸으로 살지'라는 속담은 매우 중요해서 없으면 안 될 것 같지만, 없으면 없는 대로 그럭저럭 살아 나갈 수 있다는 뜻이에요.

17 남의 손의 떡은 커 보인다

#삼총사_우정_아이템 #우리_우정_영원히♥

♨ 영원한 삼총사 ♨ 3

루아

우리 셋이 나눠 가지려고 샀어.

골라 봐! 😘

예린

우아, 귀엽다! 나는 노란색!

유진

나는 그러면 초록색 할래.

예린

아니야. 😣

갑자기 나도 초록색이 갖고 싶어!

루아
> 잠깐! 이럴 때를 두고 쓰는 속담이 있는데…….
> 남의 손의 떡은……

예린
> 커 보인다!
> 방금 유진이 손의 떡, 아니 지갑이 더 좋아 보였어!

유진
> 그럼 초록색은 내가 양보할게.

예린
> 고마워! 그런데 루아 속담 많이 늘었네.

루아의 마음 일기

문구점에 갔다가 우리 삼총사에게 딱 어울리는 동전 지갑을 발견했다. 예린이는 초록, 유진이는 노랑, 나는 분홍 지갑을 골랐다. 사실 나도 분홍색보다 초록색을 더 좋아하지만, 지갑 색깔보다 우리 우정이 더 소중하니까!

 똑똑 속담

'남의 손의 떡은 커 보인다'라는 속담은 남의 물건이 제 것보다 좋아 보이고, 남의 일이 제 일보다 쉬워 보인다는 뜻이에요. 사실 느끼기에만 그렇고, 똑같은 물건과 일이랍니다.

18. 꿩 먹고 알 먹는다

#우리의_첫_데이트 #무슨_옷을_입을까?

시후 2

시후
나 토요일에 아빠랑 자연사 박물관 가!

루아
좋겠다. 나도 가고 싶다.

시후
같이 갈래? 아빠한테 물어볼게.

루아
정말?
그럼 나도 엄마한테 물어볼게!

시후
우리 아빠가 가도 된대!

루아
우리 엄마도! 🙂
신난다!
너도 보고, 공룡도 보고!

시후
꿩 먹고 알 먹고!

루아
> 난 너랑 노는 게 제일 좋아.

시후
> 나도야. 헤헤.
> 얼른 토요일이 왔으면 좋겠다.

루아의 마음 일기

시후랑 자연사 박물관에 가기로 했다. 나는 시후와 톡톡을 끝내자마자 얼른 옷장을 열고 그날 입고 갈 옷을 골랐다. 머리는 어떻게 묶고 가지? 시후와 나는 그동안 동네에서만 놀았다. 둘이 차를 타고 멀리 가는 건 처음이라 설렌다. 그러니까 이건 시후와 나의 데이트인 것이다. 첫 데이트!

 똑똑 속담

'꿩'은 닭과 비슷한 새예요. 예전에는 꿩을 사냥해서 먹기도 했어요. 꿩을 잡으면 꿩도 먹고 꿩의 알까지 먹을 수 있었지요. 그러니까 '꿩 먹고 알 먹는다'라는 말은 한 가지를 일을 하여 두 가지 이상의 이익을 본다는 뜻이에요.

 비슷한 속담? 속담!

☆ **굿 보고 떡 먹기** : 굿도 구경하고 떡도 먹듯, 하나의 일로 두 배가 즐겁다.

19 방귀 뀐 놈이 성낸다

#오빠는_사춘기_1 #방귀_뀐_놈_이로운

로운 2

루아
오빠가 내 운동화 밟았지? 😡
더러워졌잖아!
시후 만날 때 신으려고 했는데!

로운
몰라.
학원 가느라 정신없었어.

루아
오빠가 잘못했으니까 사과해.

로운
평소에 신발 정리를 좀 잘 해 놓던가!

루아
뭐야. 왜 오빠가 화를 내?
화는 내가 내야지!

로운
나는 뭐 화도 못 내는 사람이냐?
맨날 너만 이겨?

루아

참나. 방귀 뀐 놈이 성낸다더니……!

아니, 오빠는 똥 싼 놈이야!

미워!

쉿! 루아의 마음 일기

요즘 오빠는 짜증을 자주 낸다. 엄마랑 아빠는 오빠가 사춘기라서 그렇다고 하셨다. 사춘기가 뭐지? 나한테 화내고 소리 질러도 된다는 건가? 그러면 나도 내일부터 사춘기 하고 싶다. 아빠한테 말했더니 아빠가 물티슈로 운동화를 닦아 주셨다. 운동화 얼룩은 사라졌지만, 내 마음의 얼룩은 그대로다. 오빠가 밉다.

똑똑 속담

방귀를 뀐 사람이 남에게 성을 내면 황당하고 억울하겠지요? '방귀 뀐 놈이 성낸다'라는 속담은 잘못을 저지른 사람이 오히려 남에게 화를 내는 황당한 상황에 써요.

비슷한 속담? 고사성어!

賊 反 荷 杖
도둑 적 돌이킬 반 멜 하 지팡이 장

적반하장
: 도둑이 도리어 매를 든다.

20 지렁이도 밟으면 꿈틀한다

#리코더_똥손 #뱀을_부르는_리코더_소리

민준 2

민준
오늘 알림장 내용이 뭐더라?

루아
리코더 20분 연습하기!

민준
리코더 귀찮아.
나 계이름도 못 외웠는데.

루아
네 리코더 소리 들으면
뱀 나올 것 같아. 😂

민준
오늘 네가 나더러
리코더 똥손이라고 하는 거 다 들었어.
무시하지 마!
지렁이도 밟으면 꿈틀한다! 몰라?

루아
오! 이민준 속담도 잘 아는데?

민준

루아

알았어. 😄

이제 안 놀릴게.

루아의 마음 일기

　밤마다 어디서 리코더 소리가 들린다. 삑삑거리고 시끄러운 게, 초등학생이 부는 것 같았다. 오늘은 내 차례였다. 나도 민준이처럼 아직 계이름을 못 외웠다. 음악은 듣는 것만 잘하지, 악기 연주엔 자신이 없다. 리코더 연주 연습을 하는데, 오빠가 시끄럽다고 했다. 나도 안다. 내가 시끄러운 거!

 똑똑 속담

속담 '**지렁이도 밟으면 꿈틀한다**'는 느리고 굼뜬 지렁이도 밟으면 꿈틀하는 것처럼 아무리 미천한 사람이나 순한 사람이라도 지나치게 무시하면 가만있지 않는다는 뜻이에요.

 비슷한 속담? 속담!

★ 지나가는 달팽이도 밟으면 꿈틀한다　★ 굼벵이도 밟으면 꿈틀한다
　: 하찮고 얌전해 보이는 존재라도 함부로 대하면 발끈한다.

1등 같은 2등을 위하여!

* 만화 속 틀린 속담을 모두 찾아보아요.

21 구더기 무서워 장 못 담글까

#그래도_구더기는_싫어 #역시_할머니가_최고!

외할머니 👤 2

외할머니
루아야, 할머니 내일 루아네 놀러갈게!

루아
할머니, 내일 비 엄청 온대! 엄청!
신발이랑 옷 다 젖을 텐데,
괜찮아?

외할머니
구더기 무서워 장 못 담글까. 🙂
그깟 비가 뭐가 무서워서 우리 손녀 보러 못 가겠어.

루아
구더기? 그 벌레?

외할머니
그런 속담이 있어요.
요즘 속담 공부는 잘돼 가?

루아
너무 어려워.
할머니가 와서 도와줘.

외할머니
응! 걱정 마.

하룻밤 자고 내일 만나!

루아

응! 할머니 조심히 와! 🥹

 루아의 마음 일기

할머니가 오시기로 한 날, 다행히 비가 조금 왔다. 나는 아빠랑 우산을 쓰고 버스 정류장으로 할머니를 마중 나갔다. 할머니는 나 준다고 갈비찜이랑 잡채를 가져오셨다. 저녁을 배불리 먹고 할머니와 내 방에서 속담 공부를 했다. 할머니랑 하니까 속담이 머리에 쏙쏙 들어왔다.

 똑똑 속담

된장이나 고추장 같은 '장'은 발효 음식이에요. 발효란 효모나 세균 같은 미생물이 유기물을 분해하는 현상을 말하는데, 이 과정에서 간혹 구더기가 생기기도 해요. '구더기 무서워 장 못 담글까'는 방해되는 것이 있어도 마땅히 할 일은 해야 한다는 뜻이에요.

 비슷한 속담? 속담!

☆ **장마가 무서워 호박을 못 심겠다** : 귀찮거나 어려운 일이 있더라도 해야 할 일은 마땅히 해야 한다.

22. 똥 누러 갈 적 마음 다르고 올 적 마음 다르다

#허둥지둥_김도현 #굿보이즈_자를_돌려줘

♨ 영원한 삼총사 ♨ 👤 3

루아
김도현 진짜 이상해.
수학 숙제 못 했다고,
자를 빌려 달라는 거야.

유진
굿보이즈 얼굴 그려진 자?

예린
네가 아끼는 거잖아. 그걸 빌려줬어?

루아
급하다고 해서 빌려줬지. 😢

유진
숙제는 미리 좀 하지.
김도현 걔는 꼭 그러더라. 😒

루아
그런데 수업 끝나고 그냥 가는 거야!
내가 자 돌려 달라고 하니까,
바쁜데 말 시킨다고 짜증을 막 내더라?

예린
똥 누러 갈 적 마음 다르고 올 적 마음 다르다더니.

 유진
그 속담이 딱이다!

루아
김도현 똥 냄새도 아주 지독할 거야.

루아의 마음 일기

김도현 별명은 허둥지둥이다. 숙제도, 알림장 내용도 잘 까먹어서 붙은 별명이다. 김도현과 짝을 한 적이 있었는데, 그때도 내 학용품을 이것저것 빌려 가 놓고 돌려주지 않았다. 또 까먹은 거다. 그래서 이번에도 빌려주고 싶지 않았다. 너무 급해 보이길래 큰마음 먹고 쓰게 해 준 건데…… 다음에는 국물도 없다!

똑똑 속담

'똥 누러 갈 적 마음 다르고 올 적 마음 다르다'라는 말은 아주 급할 때와 급한 일을 해결하고 난 뒤의 태도가 다른 것을 의미해요. 급할 때는 통 사정하며 매달리다가 일을 무사히 다 마치고 나면 모른 체하고 지내는 사람을 가리킬 때 쓰지요. 다음에는 이런 사람이 도움을 요청해도 도와주고 싶지 않겠지요?

23. 가는 말이 고와야 오는 말이 곱다

#우리_집_속담_전쟁 #엄마와_아빠는_누구_편?

♥ 우리 가족 ♥ 👤 4

로운
엄마! 아빠!
이루아가 자꾸 내 속담책 훔쳐봐!

루아
오빠 책에 밑줄이 그어져 있어서
보기 좋단 말이야.

엄마
똑같은 책 사 줬는데 왜 싸워.

로운
차라리 좋게 빌려 달라고 하면 되지.
이루아가 말을 밉게 해.
가는 말이 고와야 오는 말이 고운 법! 몰라?

루아
오빠도 요즘 기분 나쁘게 말하거든? 😠

아빠
루아야,
루아는 루아 책으로 공부하자. 🙂

루아
내 편은 아무도 없어!
다 미워!

엄마
가족은 다 같은 편인걸?

 루아의 마음 일기

　이상하게 오빠 책으로 공부하면 속담이 잘 외워진다. 그래서 오빠가 학원에 가 있는 동안 오빠 책으로 공부한다. 오빠가 왜 화를 내는지는 나도 안다. 자기가 싫어하는 일을 내가 자꾸 하니까. 엄마랑 아빠도 나더러 앞으로는 오빠 책을 보지 말라고 하셨다. 속상하다. 나를 위로하는 건 봄이랑 시후뿐이다.

 똑똑 속담

누구나 좋은 말을 들으면 기분이 좋아요. 그래서 다시 상대에게 좋은 말을 되돌려 주게 되지요. '가는 말이 고와야 오는 말이 곱다'는 남에게 말이나 행동을 좋게 해야 남도 자신에게 좋게 한다는 뜻이에요. 평소에 고운 말 쓰는 습관을 가지면 좋겠지요?

 **비슷한 속담? 속담!**

☆ 가는 떡이 커야 오는 떡이 크다 ☆ 가는 정이 있어야 오는 정이 있다
　: 내가 먼저 상대방을 좋게 대하면 상대방도 나를 좋게 대접한다.

24 바늘 가는 데 실 간다

#넌_나의_바늘 #난_너의_실

시후 2

루아
시후야!
내가 준 편지 읽었어?

시후
응! 다섯 번 읽었어.

루아
나 답장 기다리고 있는 거 알지?

시후
토요일에는 수영 교실에 가니까
일요일에 답장 줄게!

루아
수영?
우아, 나도 수영 배우고 싶다.

시후
너도 올래? 민세도 배운대!

루아
바늘 가는 데 실 간다고 하니까…….

시후
나랑 민세?

루아
아니! 나랑 너! 😘
네가 바늘, 내가 실!

시후
😊😊😊

 루아의 마음 일기

시후랑 같은 학교를 다니면 얼마나 좋을까? 하긴 그러면 애들이 엄청 놀릴 거다. 시후는 태권도를 좋아하는데 나는 태권도에 관심이 없다. 하지만 수영은 같이 배울 수 있을 것 같다. 나중에 바닷가에 가서 수영을 해도 될 테니까! 내일은 엄마한테 말해서 수영 교실에 등록하고, 수영복도 사러 가야지.

 똑똑 속담

바느질을 하려면 바늘만 있어서는 안 돼요. 바늘에 꿰는 실도 필요하지요. 바늘에는 실이 항상 따르는 것처럼 아주 친하고 가까운 사이를 가리킬 때 써요.

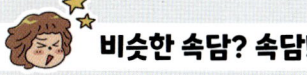 비슷한 속담? 속담!

☆ **구름 갈 제 비가 간다** : 구름과 비처럼 가까운 관계이다.

25 가지 많은 나무에 바람 잘 날이 없다

#물고기를_분양합니다 #꼬물꼬물_새끼_물고기

★ 4-1 친구들 ★ 👤 10

현호

혹시 열대어 키우고 싶은 사람?

우리 집에 구피가 새끼를 엄청 많이 낳았거든.

가지 많은 나무에 바람 잘 날 없다잖아.

누가 나 좀 도와줘.

미주

가지 많은 나무랑 물고기랑 무슨 상관?

예린

새끼가 많아서 키우기 힘들다는 뜻 같아.

유진

나! 나 물고기에 관심 있어!

루아

나도 키우고 싶긴 한데,

고양이 때문에 안 될 듯.

민준

나도!

너희 집에 가서 구경해도 돼?

현호
당연하지! 😊

물고기 밥도 나눠 줄게.

 유진
설렌다! 엄마한테 말해야지!

루아의 마음 일기

　나도 물고기를 좋아하지만, 봄이가 있어서 물고기 키우는 것은 포기했다. 나는 유진이, 민준이와 같이 현호네 집에 갔다. 현호네 집에는 완전 큰 어항이 있고, 그 속에 물고기가 셀 수 없이 많았다. 구피 여러 마리가 한꺼번에 새끼를 낳았다고 했다. 유진이는 7마리, 민준이는 6마리를 골랐다. 그래도 새끼가 한참 남았다.

똑똑 속담

나무에 가지와 잎이 많으면 살랑이는 바람에도 잎이 흔들린답니다. 잠시도 조용할 새가 없지요. 나무를 부모에 비유해서 자식을 많이 둔 부모에게는 걱정이 끊이지 않는다는 뜻으로 이 속담을 써요.

비슷한 속담? 속담!

☆ **새끼 많이 둔 소 길마*벗을 날 없다** : 새끼를 많이 둔 소가 쉬지 못하고 일만 하는 것처럼 자식을 많이 둔 부모는 고생을 하게 된다.

★ 길마 : 짐을 싣거나 수레를 끌기 위해 소의 등에 얹는 기구

26 아니 땐 굴뚝에 연기 날까

#굿보이즈_해체? #이건_꿈일_거야

♨ 영원한 삼총사 ♨ 3

유진

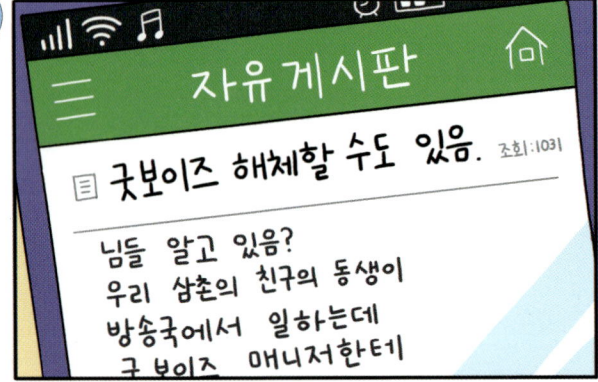

큰일 났어! 굿보이즈가 해체한대!

루아

거짓말! 😨

예린

헉! 헛소문일 수도 있지 않을까?

유진

아니 땐 굴뚝에 연기 나겠어?

루아

굿보이즈가 연기한다고?

예린
아니, 😭

이유 없이 저런 글이 올라오진 않았을 거라고.

진짜 해체를 할 수도 있다는 뜻이야!

루아

안 돼! 😭

우리 모두 가짜 뉴스이길 기도하자.

쉿! 루아의 마음 일기

    내가 좋아하는 아이돌 그룹 굿보이즈가 해체할지도 모른다는 소문을 들었다. 지금 일기를 쓰면서도 믿기지 않는다. 생각만 해도 눈물이 찔끔 난다. 새 앨범만 기다렸는데……. 정말 너무한다. 제발 해체 취소해 주세요!

똑똑 속담

불을 때면 굴뚝 바깥으로 연기가 흘러나와요. 당연한 이치예요. **'아니 땐 굴뚝에 연기 날까'**는 이처럼 **원인이 있으니 결과도 있음을 이르는 말**이에요. **실제로 어떤 일이 있었기 때문에 그런 말이 나온 것**이란 의미로 쓰이기도 해요.

 비슷한 속담? 속담!

★ **뿌리 없는 나무에 잎이 필까** : 원인이 있기 때문에 생겨난 결과다.

27 하늘의 별 따기

#오빠는_게임_중독 #하늘의_지팡이_따기

♥ 우리 가족 ♥ 👤 4

로운: 아빠, 나 기프트 카드 사 주면 안 돼? 😭

루아: 또 게임 때문이지?

아빠: 너 지난달에도 게임에 용돈 다 썼잖아.

로운: 진짜 진짜 얻기 힘든 아이템이 있어서 그래.
최고의 지팡이만 얻으면 되는데.
그게 **하늘의 별 따기**야. 😭

루아: 이로운 게임에 빠졌네, 빠졌어.

로운: 넌 조용히 해!
자꾸 놀리면 넌 게임 안 시켜 줄거야.

루아: 쳇! 😠

로운
제발. 😢

이번이 진짜 마지막이야.

 엄마
로운이 요새 게임 너무 많이 하는 것 같은데? 😟

 아빠
아빠도 걱정이야.

게임 시간을 좀 줄여야 할 것 같아.

루아의 마음 일기

아무리 생각해도 오빠는 게임 중독이다. 나도, 엄마도, 아빠도 다 아는데 오빠만 모른다. 가끔 오빠는 밤새도록 게임을 하기도 한다. 오빠 친구들도 다 그 게임을 한다고 했다. 그래서 레벨이 높아야 잘나가는 기분이 든다나? 나도 게임을 하긴 하지만, 게임에 용돈을 쓰진 않는다.

 똑똑 속담

우리는 하늘에 뜬 별을 만질 수도, 딸 수도 없어요. 불가능한 일에 가깝지요. 그러니까 '하늘의 별 따기'는 실제로 얻거나 성취하기 힘든 일을 비유적으로 이를 때 쓰는 말이에요.

28 빈 수레가 요란하다

#진짜_진짜_실망   #시후_너_누구_편이야?

시후 👤 2

시후
요새 너희 학교 속담왕 대회로 난리라며?

너도 거기 나가?

루아
맞아.

네가 어떻게 알아?

시후
태권도 학원에서 박수빈 만났는데, 말해 주더라.

수빈이도 거기 나간다고 엄청 열심히 공부하던데?

태권도 학원에서도 속담책 보고 있고.

루아
쳇. 빈 수레가 요란하다더니.

시후
너 수빈이랑 사이 안 좋아?

루아
좋진 않아.

박수빈이 먼저 나 싫어했거든.

시후
수빈이 괜찮은 애 같던데…….

루아
너 지금 내 앞에서
박수빈 편 들어? 😠

루아의 마음 일기

나도 모르게 시후에게 버럭 화를 내 버리고 말았다. 사귀고 나서 시후랑 싸운 것은 처음이다. 하필 내가 제일 싫어하는 박수빈 편을 들다니. 어떻게 그럴 수가 있지? 강시후한테 완전 실망이다. 시후가 전화를 했는데 일부러 안 받았다. 오늘은 사과를 받아 줄 마음이 없다. 어쩌면 내일도, 내일모레도!

 똑똑 속담

수레에 무거운 짐을 가득 실으면, 오히려 수레는 조용하게 움직여요. 반대로 수레가 비어 있다면 덜컹거리는 소리로 요란하지요. '빈 수레가 요란하다'라는 말은 아무것도 싣지 않은 수레의 요란한 소리처럼, 실속 없는 사람이 겉으로 더 떠들어 댄다는 뜻이에요.

비슷한 속담? 속담!

☆ **속이 빈 깡통이 소리만 요란하다** : 속에 든 것 없는 사람일수록 말이 많고 시끄럽다.

29 공든 탑이 무너지랴

#민준이의_위로 #공든_탑을_믿자!

민준 2

 민준
나 깁스 풀었어. 🙂 자전거 타러 갈래?

루아
너는 자전거 타다 다쳤는데 또 타고 싶어?

 민준
나는 자전거 맨이니까!

루아
자전거 맨은 또 뭐냐? 😒

 민준
무슨 일 있어? 왜 이렇게 화가 났어?

루아
시후랑 싸웠어. 😢 기분 진짜 별로야.

 민준
금방 화해할 거야.
네가 시후 좋아한 날이 얼만데.

루아
그런가? 😢

민준

공든 탑이 무너지랴!

시후랑 네 사이는 공든 탑 같은 거야.

루아
내가 알던 이민준 맞아?

아무튼 고마워!

민준

우리 사이에는 우정의 탑이 있지. 😎

루아의 마음 일기

　시후랑 사귀고 나서 민준이랑 자주 못 놀았다. 민준이도 다리에 깁스를 한 데다가, 바쁜 일이 있다고 해서 더 그랬다. 무슨 일로 바빴던 걸까? 물어본다는 걸 깜빡했다. 어쨌든 오랜만에 민준이를 만나서 자전거를 타니 기분이 좋아졌다. 민준이에게 위로를 받다니! 민준이 말대로 우리 사이에 우정의 탑이 있다면, 오늘 1층 높아졌다. 우리는 아이스크림까지 먹고 신나게 놀았다.

똑똑 속담

대충 지은 탑보다 한 칸 한 칸 공들여 쌓아 올린 탑이 훨씬 튼튼하겠지요? '**공든 탑이 무너지랴**'는 힘과 정성을 다하여 한 일은 반드시 그 결과가 헛되지 않는다는 말이에요.

30. 도둑이 제 발 저리다

#오빠의_숨겨진_취미 #난_진짜_아니라고!

♥ 우리 가족 ♥ 👤 4

로운
누가 내 새싹 채소 화분 엎었어? 😡
내가 얼마나 소중하게 키운 건데!

아빠
로운이가 채소도 키웠어? 😮

엄마
처음에 학교 숙제로 시작했는데 정들었대.

아빠
아빠는 안 건드렸어, 로운아.

루아
나도 아니야!
절대 아님!

로운
그러니까 더 의심스러운데? 😒
도둑이 제 발 저려서
강하게 부정한다던데…….

루아
아, 억울해! 난 진짜 아니야!

아빠
그래 로운아.
루아가 아니라고 하잖아.

로운
그러면 도대체 누구야.

쉿! 루아의 마음 일기

나는 오빠가 새싹 채소를 키우는지도 몰랐다. 엎어진 화분을 보니까 정말 새싹처럼 귀여운 줄기가 올라와 있었다. 오빠는 범인을 찾는다면서 돋보기로 여기저기를 훑어봤다. 그래서 범인을 찾았느냐고? 범인은 바로 봄이였다! 봄이의 앞발과 엉덩이 털에 흙과 새싹 잎이 붙어 있었다. 과연 봄이의 발은 저렸을까.

똑똑 속담

죄를 지은 사람은 자신의 죄가 들통날까 봐 불안함에 시달려요. 그래서 자신의 죄를 숨기려 해도 완전히 숨길 수 없는 것이지요. '도둑이 제 발 저리다'는 도둑처럼 죄를 지은 사람이 괜스레 마음을 졸이며 안절부절못하는 것을 말해요.

31 비 온 뒤에 땅이 굳어진다

32 칼로 물 베기

#화해의_톡톡 #우리_사이_여전히_맑음!

시후 2

시후
루아야. 아직도 화 안 풀렸어?
읽고 왜 대답을 안 해?

루아
왜?

시후
내가 미안해.
며칠 동안 가슴이 답답했어.

루아
사실, 나도 그랬어.
그럼 우리 화해할까?

시후
응! **비 온 뒤에 땅이 굳어진다고.**
싸운 뒤에 너의 소중함을 더 알게 됐어.

> 루아
> 나도! 앞으로 우리 싸우지 말자!

시후
> 이렇게 금방 화해할 줄 알았으면
> 진작 말 거는 건데!

> 루아
> 그러게. 우리 싸움은 칼로 물 베기 같아.

쉿! 루아의 마음 일기

　싸워서 시후와 말을 안 하는 동안 시후가 많이 보고 싶었다. 톡도 주고받고, 만나서 아이스크림도 먹고 싶었다. 원래는 시후가 먼저 사과할 때까지 두고 보려 했지만, 보고 싶어서 참을 수가 없었다. 그래서 오늘은 말을 걸어 볼까 고민 중이었는데, 시후가 먼저 사과해서 반가웠다. 어쨌든 시후와 화해해서 너무 기쁘다!

똑똑 속담

흙은 비가 온 뒤에는 질척거리지만, 마르면서 더 단단해져요. '비 온 뒤에 땅이 굳어진다'는 시련을 겪은 다음 더 강해진다는 의미예요.

칼로 물을 벨 수는 없지요? 언제 칼이 지나갔냐는 듯 물은 고요하게 흐른답니다. 그래서 다투었다가도 시간이 지나면서 좋아지는 사이를 '칼로 물 베기'라고 해요.

33 내 코가 석 자

#숙제_전쟁 #받아쓰기_10점의_추억?

♨ 영원한 삼총사 ♨ 👤 3

유진
너희 과학 실험 숙제했어?

루아
용수철 저울 만들기?
어제 하다가 실패! 😭

예린
나는 엄마가 동생 공부 도와주라고 해서
아직 시작도 못했어.
내 코가 석 잔데…… 😭

루아
예지? 아직 2학년 아니야?

예린
동생이 어제 받아쓰기 10점 받아 왔거든.

루아
갑자기 추억이 떠오르네. 😂

유진
헉. 10점? 😣

> 루아
> 열심히 맞춤법 공부하면
> 100점 맞을 수 있을 거야.
> 예지 화이팅! 😘

쉿! 루아의 마음 일기

　오늘은 과학 실험 숙제를 하느라 바빴다. 다행히 엄마 아빠가 도와주셨다. 친구들한테는 나 혼자 했다고 해야지. 히히. 예린이 동생 이야기를 들으니까 이런저런 생각이 들었다. 화장실 낙서랑 시후를 다시 만난 일 말이다. 아주 옛날 일처럼 느껴지는 건 왜일까? 예린이 동생도 영원히 받아쓰기 10점은 아닐 거다. 나처럼!

 ! 똑똑 속담

'자'는 길이를 나타내는 단위로, 석 자는 약 90센티미터 정도 된다고 해요. 코가 석 자나 되면 큰일이겠지요? **'내 코가 석 자'**는 내 사정이 급하고 어려워서 남을 돌볼 여유가 없다는 의미예요.

 비슷한 속담? 고사성어!

吾 鼻 三 尺
나 오　코 비　석 삼　자 척

오비삼척
: 나의 코가 석 자

34. 말이 씨가 된다

#비가_오나_눈이_오나 #소풍은_즐거워

★ 4-1 친구들 ★ 👤 10

유진
다다음 주에 우리 소풍 간대!

도현
우아! 신난다! 😊

민준
그런데 나는 왜 이렇게 불안하지? 😂

루아
뭐가?

민준
소풍 갈 때마다 꼭 비가 왔단 말이야. 😰

수빈
야, 이민준! **말이 씨가 된다고!**

도현
비 오면 이민준 때문임!

민준
알았어! 소풍 갈 때 비 안 온다!
절대 안 온다!

루아
> 그런데 작년 소풍 때 비 와도 재밌었어.

유진

> 하긴, 비 쫄딱 맞고 신나게 뛰어다녔지.

현호

> 비 와도 상관없으니까 얼른 소풍날 됐으면 좋겠다.

루아
> 소풍날 도시락 뭐 싸 가지?

루아의 마음 일기

곧 소풍을 간다. 이번에는 도자기 만드는 공방으로 간다고 했다. 사실 나는 친구들이랑 멀리멀리 떠나고 싶다. 바닷가 같은 곳 말이다. 하지만 우리는 아직 4학년이고, 너무 어리니까……. 어쨌든 이번 소풍에서 나는 예쁜 컵을 만들 생각이다. 원래 엄마한테 선물로 주려고 했는데, 시후가 딱 떠오른다. 아, 누구한테 컵을 주지?

똑똑 속담

누군가 입버릇처럼 같은 말을 하면 그게 현실로 일어날 때가 있지요. 이처럼 **말하던 일이 마침내 현실이 되었을 때**, '**말이 씨가 된다**'라는 속담을 써요. 말이 말에 그치지 않고 현실로 일어날 수 있으니 말조심하라는 뜻으로도 쓰인답니다.

35 굼벵이도 구르는 재주가 있다

#봄이의_취미_발견! #봄이가_○○를_잡았다고?

이모 👤 2

루아
이모! 이모! 😣

이모
응. 루아야!

루아
봄이가 글쎄! 봄이가! 😣

이모
그래. 차근차근 말해 봐.

루아
봄이가 파리를 잡았어!
완전 신기해.

이모
굼벵이도 구르는 재주가 있다더니.
봄이가 파리를 다 잡네.

루아
오빠가 파리 잡는다고 돌아다니니까 봄이가 도와줬나 봐.
맨날 밥 먹고 캣 타워에서 잠만 잤는데.

이모
봄이가 밥값 했네.

루아
봄이가 계속 파리 잡아 주면 좋겠다! 😘

 루아의 마음 일기

집에 파리가 들어왔다. 오빠는 파리를 잡는다고 막 뛰어다니고, 봄이도 오빠를 따라 뛰었다. 오빠의 파리채가 장난감인 줄 알았나 보다. 그러다가 갑자기 봄이가 앞발로 파리를 확 잡았다. 오 마이 갓! 나랑 오빠는 그 모습을 보고도 믿을 수 없었다. 파리 시체가 증거로 딱 남았다. 봄이에게 파리 잡기라는 새로운 취미가 생겼다.

 **똑똑 속담**

굼벵이는 매미나 풍뎅이의 애벌레로 다리가 짧아서 느리게 기어 다녀요. 그래서 구르는 게 더 빠르기도 하지요. 이 속담은 느린 굼벵이도 빠르게 구르는 재주가 있는 것처럼, 누구라도 한 가지 재주는 있다는 뜻으로 쓰여요. 또는 능력이 없는 사람이 남의 관심을 끌 만한 행동을 했을 때, 그것을 낮춰서 이르는 말이랍니다.

비슷한 속담? 속담!

☆ **우렁이도 두렁 넘을 꾀가 있다** : 못난 사람도 한 가지 재주는 가지고 있다.

36

소 잃고 외양간 고친다

🔍 #손_잘_씻기! #눈_비비지_않기!

♥ 우리 가족 ♥ 👤 4

루아
엄마, 나 눈이 간지러워. 😊

엄마
혹시 눈병 왔나? 😟

로운
헉. 요즘 우리 반에 눈병 유행이야!

아빠
아이고. 다들 손 열심히 씻고 눈 만지지 마.
소 잃고 외양간 고치지 말고,
눈병 걸리기 전에 조심하자.

로운
소를 잃었는데 외양간을 왜 고쳐? 😟

루아
그러니까 소가 있을 때 잘하라는 거지.

엄마
딩동댕! 작년에 로운이랑 루아,
둘 다 눈병 걸렸을 때 생각나?

루아
> 으. 다시는 눈에 약 넣기 싫어.

 로운
> 나도!
> 하지만 안대는 좀 마음에 들었어. 😉

쉿! 루아의 마음 일기

눈이 자꾸 가려웠다. 화장실에 가서 거울을 보니까 조금 빨간 것 같기도 하고, 아닌 것 같기도 했다. 오빠는 눈병 옮기지 말라며 도망갔다. 그래서 나는 오빠한테 가서 "병균이다!" 하고 외치며 눈을 크게 떠 보였다. 나중에 아빠가 와서 내 눈을 보더니 눈병은 아닌 것 같다고 하셨다. 사실은 눈병이 아니길 바랐다. 다행이다.

똑똑 속담

허술한 외양간을 고치지 않고 있다가 소를 도둑맞은 다음에야 고친다면 의미가 있을까요? '소 잃고 외양간 고친다'라는 말은 일이 잘못된 다음에 손을 써도 소용이 없다는 뜻이에요.

 비슷한 속담? 속담!

⭐ **도둑맞고 사립* 고친다** : 도둑이 든 뒤에 문을 고치는 것처럼 이미 일이 잘못된 다음에 고치려고 애써도 늦었다.

* 사립 : 나뭇가지를 엮어 만든 문

37 수박 겉 핥기

#모둠_신문_만들기 #수박_겉은_맛없어!

민준 2

민준
모둠 신문 만들기 너무 하기 싫다. 😂
채유진 우리 모둠이잖아.
이래라저래라 하면서
완전 선생님처럼 군다니까?

루아
우리 모둠은 벌써 다 함!
유진이 똑 부러져서 좋지, 뭐.

 민준
그럼 네가 쓴 기사 보여 주면 안 돼?
다른 모둠이니까
네 거 대충 베껴 써도 될 것 같아.

루아
야!
나도 얼마나 힘들게 썼는데! 😠
이게 숙제를 수박 겉 핥기로 때우려고 하네?

민준
수박 겉을 핥는다고?
웩. 진짜 맛없겠다.

루아
그러니까 제대로 하라고!

쉿! 루아의 마음 일기

　요즘 우리 반은 모둠 신문 만들기로 바쁘다. 나는 우리 학교 인기 급식 메뉴에 관한 기사를 썼다. 1등은 당연히 돈가스일 줄 알았는데 짜장면이었다. 기사 끝에 '이루아 기자'라고 쓰니까, 정말 내가 기자가 된 기분이 들었다. 그러자 아주 달콤하고 시원한 수박을 한 입 베어 물었을 때처럼 기분이 좋아졌다.

똑똑 속담

빨갛게 잘 익은 수박 속은 들여다보지도 않고 수박의 겉만 핥는다고 생각해 보세요. 수박을 잘 먹었다고 할 수 있을까요? '**수박 겉 핥기**'는 **사물의 속 내용은 모르고 겉만 건드린다**는 뜻의 속담이에요.

 비슷한 속담? 속담!

★ **개 머루 먹듯** : 개가 머루의 맛도 모르면서 먹어 치우듯 제대로 알지도 못하면서 아는 체를 하거나 건성으로 일하다.

38 울며 겨자 먹기

#예린이_껌딱지_예지 #오빠도_내가_짜증났을까?

♨ 영원한 삼총사 ♨ 3

예린
정말 내 동생 때문에 힘들어.

짜증나.

루아
받아쓰기 10점 맞은 예지?

유진
예지 잘 웃고,

춤도 잘 춰서 귀엽던데?

예린
어휴. 네 동생 해 봐.

요즘은 엄마가 등교도 같이 하라고 해서

울며 겨자 먹기로 데리고 다니는 중이야.

루아
나도 작년까지 오빠랑 학교 갔는데,

오빠도 짜증 났으려나?

유진
동생이랑 등교하는 게 그렇게 싫어?

예린
어! 맨날 나만 졸졸 따라다닌다고.
얼마나 귀찮은데! 😨

루아
나는 예지 좋아! 😀
받아쓰기 10점 아무나 맞는 거 아니야.

 예린
그렇게 좋으면
네가 데려가서 동생 삼아. 😭

 루아의 마음 일기

　　나는 예지를 두 번 보았다. 예린이랑 놀기로 한 날, 예지가 예린이를 따라 나왔다. 예린이네도 우리 집처럼 엄마 아빠가 회사를 다니기 때문에 예지는 늘 예린이만 따라다닌다. 나도 오빠 껌딱지 시절이 있었다. 오빠를 놀리는 것도 재미있었고, 오빠가 나를 챙겨 주는 것도 좋았다. 그때 오빠도 지금의 예린이처럼 짜증 났을까?

 똑똑 속담

겨자는 그냥 먹기에 눈물이 쏙 나올 만큼 매워요. 그런데도 울면서 겨자를 먹는다니요. 매운 것을 꾹 참고 울면서도 겨자를 먹는 것처럼 **하기 싫은 일을 억지로 마지못해 하는 행동**을 보고 **'울며 겨자 먹기'**라고 해요.

39 까마귀 날자 배 떨어진다

#내_마음에도_먹물이 #진짜_전쟁_시작!

★ 4-1 친구들 ★ 👤 10

수빈
이루아, 내가 선생님께 다 일렀어.

루아
내가 뭘?

수빈
네가 미술 시간에 먹물 엎질러서 내 가방에 튀었잖아!

루아
난 안 그랬는데?

준수
이루아가 박수빈 옆에서 재채기한 건 봤어.

수빈
맞아. 재채기하면서 내 먹물 건드렸지?

루아
아니야! 난 진짜 억울해!
까마귀 날자 배 떨어진 거야.

유진
맞아. 루아는 그런 애 아니야.

수빈
끼리끼리 논다고, 이루아 편드냐?

유진
야, 너 말이 너무 심한 거 아니야?

루아의 마음 일기

수업이 끝나고 선생님께 가서 모든 걸 말씀드렸다. 나는 재채기를 했을 뿐이고, 만약 그때 내가 실수로라도 먹물을 건드렸다면 사과했을 거라고 했다. 선생님은 나와 박수빈의 말을 다 들으시더니 수빈이 입장에서는 오해했을 수도 있지만, 내 잘못은 아니라고 하셨다. 이렇게 결론이 나니까 속이 시원하면서도 화가 났다.

똑똑 속담

까마귀가 배나무에 앉아 있다가 날아올랐어요. 그때 배가 떨어졌다면, 배나무 주인은 까마귀가 배를 먹으려 했다고 의심할 수도 있어요. **'까마귀 날자 배 떨어진다'**라는 말은 아무 관계 없이 한 일이 우연하게도 비슷한 때에 일어나서, 마치 어떤 관계가 있는 것처럼 의심받는다는 의미예요.

 비슷한 속담? 고사성어!

烏 飛 梨 落 **오비이락**
까마귀 오 날 비 배나무 이(리) 떨어질 락(낙)

: 까마귀 날자 배 떨어진다.

40 개구리 올챙이 적 생각 못 한다

#꼬물꼬물_올챙이_시절 #10점이나_20점이나

수빈 2

루아
박수빈! 너 도대체 나한테 왜 그래?

수빈
받아쓰기 10점이 무슨 속담왕을 한다고.

루아
야! 나 지금은 맞춤법 잘 알거든?

수빈
개구리 올챙이 적 생각 못 한다더니, 딱 맞네.

루아
내 받아쓰기 점수랑 너랑 무슨 상관인데!

수빈
너! 기억 안 나?

2학년 때 내가 받아쓰기 시험 못 볼까 봐 걱정했던 거!

그때 네가 네 시험지 베끼면 100점이라 그래서

베꼈다가 나 받아쓰기 망했다고!

루아
내가? 😨

수빈
난 네가 말싸움 잘하니까

맞춤법도 잘 아는 줄 알았는데.

그날 넌 10점! 난 20점 맞았어!

루아

야, 나보다 10점 더 나왔네. 😅

그리고 그게 왜 내 탓이냐?

쉿! 루아의 마음 일기

나는 박수빈에게 시험지를 보여 준 기억이 없다. 남의 시험지를 베끼는 건 당당하지 못한 행동이다. 내가 왜 보여 준다고 했지? 내가 잘못한 게 있다면 바로 그거 하나다. 어쨌든 박수빈은 나 때문에 받아쓰기 시험을 망쳤단다. 2학년 때 일로 아직도 나를 미워하다니. 어이가 없다.

똑똑 속담

올챙이는 자라서 훗날 개구리가 돼요. 폴짝폴짝 뛰어다닐 수 있고, 몸도 커지는 것이지요. 이처럼 예전보다 형편이 나아진 사람이 지난날 부족하고 어려웠던 때를 생각하지 못하고 처음부터 잘난 듯이 뽐내는 것을 '개구리 올챙이 적 생각 못 한다'라고 해요.

 # 이루아! 절대 용서 못 해!

*만화 속 틀린 속담을 모두 찾아보아요.

41 윗물이 맑아야 아랫물이 맑다

#엄마_아빠도_늦잠을? #가끔은_늦어도_괜찮아

♥ 우리 가족 ♥ 👤 4

루아
오늘은 토요일. 지금 시각 12시 9분.
엄마랑 아빠는 아직도 꿈나라 여행 중.
깨워도 안 일어남.

로운
어제 아빠는 야근! 엄마는 회식!

루아
많이 피곤한가 봐. 😢
나 배고픈데…….

엄마
헉. 엄마 이제 일어났어.

아빠
오늘 아침은 아빠 담당인데.
늦잠 자 버렸네. 😢

엄마
윗물이 맑아야 아랫물이 맑다고 했는데.
미안! 미안!

아빠
그러게. 다들 배고팠지?

아빠가 얼른 샌드위치 만들어 줄게.

루아
괜찮아! 대신 앞으로 나도 늦잠 한 번 봐주기!

쉿! 루아의 마음 일기

요즘 엄마랑 아빠가 일이 많아서 자주 늦으셨다. 토요일에는 엄마 아빠 모두 늦잠을 주무셨다. 나랑 오빠는 9시에 일어나서 아침 먹고 책도 읽었는데, 엄마랑 아빠는 12시가 지나도록 일어나지 않으셨다. 엄마 아빠가 이렇게 늦게까지 잠을 잔 건 처음 있는 일이었다. 엄마 아빠도 실수를 하고 늦잠도 잔다는 사실이 조금 웃겼다.

똑똑 속담

물은 위에서 아래로 흘러요. 가장 윗물을 상류, 중간을 중류, 아랫물을 하류라고 하지요. 하류는 바다와 만나게 돼요. 위에서 흐르는 맑은 물이 아래로까지 이어지는 것처럼, 윗사람이 잘하면 아랫사람도 따라서 잘하게 된다는 뜻의 속담이에요.

 비슷한 속담? 속담!

☆ **부모가 착해야 효자 난다** : 부모가 착해야 자식도 부모를 따라 착한 사람이 된다.

42. 자라 보고 놀란 가슴 솥뚜껑 보고 놀란다

#곤충이_무서운_소년 #이것은_풍뎅이인가_초콜릿인가

시후 2

시후: 아까 나 좀 별로였지?
막 소리지르고.
내가 벌레를 좀 무서워해.

루아: 갑자기 풍뎅이가 이마에 붙어서, 나라도 놀랐을 거야.

시후: 으. 다시 생각해도 소름 끼쳐.
그런데 바닥에 떨어진 초콜릿을 보고
풍뎅이인 줄 알고 또 비명을 질렀으니…….

루아: 자라 보고 놀란 가슴 솥뚜껑 보고 놀란 거지.

시후: 진짜 아까 기억은 지우고 싶다. 잊어 줘.

루아: 아니야. 귀여웠어. 😘
앞으로 풍뎅이 보면 내가 다 잡아 줄게!

시후
겁쟁이라고 놀릴 줄 알았는데…….

루아 너는 정말 멋져.

오늘 또 반했어.

쉿! 루아의 마음 일기

오늘 공원에서 시후가 갑자기 소리를 꽥 지르더니 방방 뛰었다. 자세히 보니까 시후의 이마에 커다란 풍뎅이가 붙어 있었다. 나는 손으로 풍뎅이를 떼서 나무에 붙여 주었다. 시후는 바닥에 떨어진 초콜릿을 발견하고 다시 소리를 질렀다. 그게 풍뎅이인 줄 알았던 거다. 시후가 너무 귀여웠다. 시후야 앞으로 벌레는 내가 다 잡아 줄게!

똑똑 속담

자라는 거북이처럼 딱딱한 등껍질을 가진 동물이에요. 등껍질의 모양이 솥뚜껑과 비슷하기도 하지요. '자라 보고 놀란 가슴 솥뚜껑 보고 놀란다'라는 속담은 어떤 사물을 보고 놀란 사람이 비슷한 사물만 보고도 겁을 낸다는 뜻이에요.

비슷한 속담? 속담!

⭐ **더위 먹은 소 달만 보아도 헐떡인다** ⭐ **뜨거운 물에 덴 놈 숭늉 보고도 놀란다** : 어떤 일을 겪고 크게 놀란 적이 있다면, 비슷한 것 또는 일만 보아도 두려워한다.

43 밑 빠진 독에 물 붓기

#인형_뽑기의_부작용 #사라진_용돈

민준 2

민준
오늘은 운이 따라 주지 않나 봐.

루아
운이 아니야.
원래 인형 뽑기 기계는
일부러 못 뽑게 만들어 놓는대.

민준
지난번에는 한 다섯 번 하니까
뽑았단 말이야. 😅

루아
그럼 이번에도 다섯 번 해서 안 되면 그만둬야지.
내가 그만하라고 했잖아. 😅

민준
억울해! 😅

루아
오늘 너 얼마 썼냐?
차라리 그 돈으로 인형을 하나 샀겠다.

민준
완전 밑 빠진 독에 물 붓기였어.

내 용돈! 😭

루아
자꾸 생각하면 속상하니까 그만 잊어.

민준
이제 인형 뽑기 하나 봐라.

루아
과연? 😢

쉿! 루아의 마음 일기

오늘 민준이랑 자전거 타러 갔다가 인형 뽑기 기계를 발견했다. 이민준은 지난번에도 인형을 뽑은 적이 있다며 자신만만하게 기계 안에 돈을 넣었다. 한 번, 두 번, 열 번은 시도한 것 같은데 결국 인형은 하나도 뽑지 못했다. 내가 말렸지만 소용없었다. 불쌍한 이민준. 인형 뽑기에 용돈을 다 줘 버렸다.

똑똑 속담

밑이 빠진 독에는 아무리 물을 부어도 채워지지 않아요. 그러니까 아무리 많은 힘이나 밑천을 들여도 보람 없이 헛된 일을 뜻하는 것이지요.

44. 불난 집에 부채질한다

#오빠는_사춘기_2 #게임_중독

로운 2

루아
오빠 새벽까지 게임했지? 😩

내가 화장실 가는 길에 다 봤어!

그러다가 엄마 아빠한테 들키면 어떡하려고 그래?

로운
불난 집에 부채질하지 마. 👿

안 그래도 아빠한테 들켜서 스마트폰 뺏겼어. 🥲

지금 컴퓨터로 톡하는 중.

루아
헉. 😨

나도 조심해야지.

로운
네가 가서 아빠한테 말 좀 잘해 줘라.

내가 반성하는 것 같다고.

스마트폰 돌려주면

게임 시간 줄이겠다고 말이야. 🥲

루아

> 그랬다가 괜히 나한테 불똥 튀면 어떡해?

> 그거야말로 불난 집에 부채질하는 거다!

 로운

> 알겠어.

> 일단 오늘은 하지 말자.

쉿! 루아의 마음 일기

오빠가 새벽까지 게임을 하다가 들켜서 결국 아빠한테 스마트폰을 압수당했다. 사실 나도 오빠가 게임하는 모습을 봤다. 불 꺼진 오빠 방에서 스마트폰 화면이 빛났다. 엄마는 시간을 줄이는 건 도움이 안 된다고 무조건 스마트폰을 뺏어야 한다고 하셨다. 게임 대신에 다른 취미를 가져야 한단다. 다른 취미가 속담 공부는 아니었으면 좋겠다.

똑똑 속담

집에 불이 나면 불을 꺼야 하는데, 부채질을 하면 반대로 불길이 더 번지겠지요? '불난 집에 부채질한다'라는 속담은 화가 난 사람을 더 화나게 하거나 남의 불행을 더 커지게 만든다는 의미로 쓰여요.

45 하늘은 스스로 돕는 자를 돕는다

#내가_나를_돕는다? #하늘아_내_소원을_들어줘

외할머니 2

외할머니
루아야. 요즘 속담 공부는 잘돼?

루아
몰라. 엉망진창이야.

외할머니
왜, 열심히 하더니만?

루아
나는 진짜 열심히 하는데
속담 실력이 잘 안 늘어.

외할머니
맞춤법 공부도 잘 해냈잖아.
하늘은 스스로 돕는 자를 돕는다고 했어.
루아가 최선을 다하면 하늘도 도울 거야.

루아
정말? 그런 속담도 있어?
그리고 할머니, 나 말할 게 있는데…….
나 남자 친구 있어!

외할머니
오, 우리 손녀에게 그런 친구가?

루아
속담왕 대회에서 1등 해서
같이 놀이공원 가는 게 꿈이야. 😊

 외할머니
그래. 할머니가 응원할게!

루아
응! 진짜 열심히 해 볼거야!

루아의 마음 일기

요즘 속담 공부를 덜 했다. 시후 때문에 속담왕 대회에 나가려고 했던 건데, 시후랑 노느라 속담 공부할 시간이 없었다. 하지만 나는 이루아다! 받아쓰기 10점에서 맞춤법 천재가 된 경험도 있으니, 속담왕 대회에서도 1등 할 수 있다! 오늘부터 다시 열심히 해야겠다.

똑똑 속담

속담 내용 그대로 하늘은 스스로 노력하는 사람을 성공하게 돕는다는 뜻이에요. 하늘이 도와준다니, 비현실적인 말 같지만 어떤 일을 이루기 위해서는 노력이 가장 중요하다는 의미겠지요?

46
콩 심은 데 콩 나고 팥 심은 데 팥 난다

#누가_누가_더_빠른가 #민준이의_달리기_비법

★ 4-1 친구들 ★ 👤 10

준수
어제 100미터 달리기했는데 나 14초 나왔어!

민준
나는 12초야! 2초 빠름! 😎

현호
나는 13초! 1초 늦음! 😎

준수
민준이 되게 빠르다. 비법 좀 알려 줘.

민준
콩 심은 데 콩 나고 팥 심은 데 팥 나는 거지.

현호
콩이랑 팥을 먹으면 빨라진다고? 😂

루아
속담이잖아.
민준이는 아침마다 아빠랑 달리기해.

준수
매일?

루아
> 응! 매일 연습을 하니까
> 잘 달리는 게 당연하다는 거지.

민준

> 야, 이루아! 그거 비밀이야! 쉿!

루아의 마음 일기

어제 체육 시간에 달리기를 했다. 민준이가 우리 반에서 1등을 했다. 나는 그럴 줄 알았다. 민준이는 아침마다 아빠랑 같이 달리기를 해서 실력이 좋다. 그런데 한 가지 이상한 점! 요즘 민준이가 속담을 자주 쓴다. 민준이한테 달리기 비법이 아니라 속담 비법을 캐내야 할 것 같다.

똑똑 속담

콩을 심으면 당연히 콩이 나지요. 어떤 종자를 심느냐에 따라 어떤 식물로 자라날지가 정해져요. '**콩 심은 데 콩 나고 팥 심은 데 팥 난다**'는 이처럼 **원인에 따라 그에 걸맞은 결과가 나온다**는 뜻이에요.

비슷한 속담? 속담!

☆ **가시나무에 가시가 난다**   ☆ **배나무에 배 열리지 감 안 열린다**
: 모든 일은 원인에 따라 결과가 정해진다.

47 고래 싸움에 새우 등 터진다

#엄마_아빠가_싸운_날 #새우_두_마리의_외침

♥ 우리 가족 ♥ 👤 4

루아
아빠가 저녁은 외식하재.

로운
엄마는 싫대. 그냥 집에서 먹는대.

루아
아빠가 이미 식당 예약했다는데?

로운
엄마는 나가고 싶지 않대.
아, 엄마! 아빠!
이제 그만 화해해!

루아
맞아. 😭
직접 이야기하면 되지,
왜 나한테 시켜.
고래 싸움에 새우 등 터진다! 👿

로운
새우 두 마리가 지금 외칩니다.

엄마
미안해. 우리 아들, 딸.
엄마 아빠가 잘못했어.

아빠
여보, 우리 화해합시다.

루아
정말? 화해하는 거야?

쉿! 루아의 마음 일기

엄마랑 아빠가 싸우는 일은 흔하지 않다. 어쩌면 나 몰래 자주 싸우고 있는지도 모르지만……. 그런데 어제는 정말 크게 싸우셨다. 이유는 몰라도 나 때문은 아니다. 집 분위기가 금방 싸늘해졌다. 오빠도, 나도 괜히 우울한 기분이 들었다. 그런데 가족 단톡방에서 내가 속담을 말한 덕분에 분위기가 확 좋아졌다. 저녁에는 아빠가 새우튀김을 사 주셨다.

똑똑 속담

고래는 가장 큰 포유류예요. 고래들끼리 싸움이 벌어진다면, 바닷속은 전쟁터가 될 거예요. 몸집이 작은 새우들은 그 틈에서 다칠 수도 있겠지요. 이처럼 **강한 자들이 싸우는 바람에 아무 상관도 없는 약한 자가 중간에서 피해를 볼 때** '**고래 싸움에 새우 등 터진다**'라는 속담을 써요.

48 가는 날이 장날

#한결_오빠를_만났다고? #내게도_장날이_찾아오길

♨ 영원한 삼총사 ♨ 👤 3

 예린
가는 날이 장날이라고.
나 엄마랑 백화점 갔다가 한결 오빠 팬 사인회 봄!

 유진
헉. 내가 아는 그 한결 오빠?

루아
뭐? 굿보이즈 리더 한결? 😮

 예린
응! 오빠랑 사진도 찍고 사인도 받았어!

 유진
헉! 진짜 부럽다. 😭

루아
> 나 그 사인 복사해 주면 안 돼?

유진
> 나도! 나도!

예린
> 내일 학교에 가져가서 보여 줄게.

쉿! 루아의 마음 일기

결국 굿보이즈는 해체했다. 우리는 크게 실망해서 한동안 음악 방송도 볼 수 없었다. 그런데 굿보이즈 리더 한결 오빠가 솔로로 나온다는 소식을 들었다! 예린이는 백화점에 갔다가 한결 오빠 팬 사인회를 발견하고 사인도 받았다. 한결 오빠랑 같이 찍은 사진도 보여 줬는데, 너무 부러웠다. 나에게도 장날이 찾아올까?

! 똑똑 속담

옛날에는 3~5일에 한 번 커다란 시장이 열렸어요. 그때를 장날이라고 불렀지요. '가는 날이 장날'은 일을 보러 나갔는데, 우연히 장이 서는 날이었다는 뜻이에요. 어떤 일을 하려고 했는데 뜻하지 않은 일을 맞이했을 때 써요.

 비슷한 속담? 속담!

⭐ **가는 날이 생일** : 일을 보러 갔다가 뜻밖의 좋은 일을 겪다.

49 원수는 외나무다리에서 만난다

#경쟁자가_대체_몇_명이야 #외나무다리에서_기다려!

민준 2

민준
박수빈도 속담왕 대회에 나간다고?

루아
그렇다니까! **원수는 외나무다리에서 만난다**더니!

민준
오, 이루아. 속담 공부 좀 했나 봐?

루아
어때? 나랑 박수빈한테 딱 맞는 속담이지?

민준
그런데 사실…… 나도 속담왕 대회 나가. 😅

루아
뭐라고? 왜? 😮

민준
이유는 비밀.

루아
너 그럼 깁스한 동안 바쁘다고 했던 게
속담 공부 때문이었어?

민준
그렇다고 볼 수 있지.

루아
뭐야.
경쟁자가 너무 많아졌어. 😩

민준
그럼 대회 날 외나무다리에서 보자. 🙂

쉿! 루아의 마음 일기

어쩐지 민준이가 좀 이상하다 했다. 지난번에 다리 깁스를 했을 때부터였다. 내가 답답하지 않느냐고 물었더니, 집에서 바쁘게 할 일이 있다고 했다. 그때 속담 공부를 했던 거다. 그동안 민준이가 나를 속이고 있었다는 생각이 들어 조금 서운했다. 무엇보다 민준이가 나보다 속담을 잘 아는 것 같아서 긴장된다.

속담왕 경쟁자
1. 이로운
2. 박수빈
3. 이민준

똑똑 속담

'원수'는 피하고 싶은 사람을 말해요. 만약 외나무다리에서 원수를 마주치면 길이 좁아 한 명은 양보해야 하지요. 피할 수 없는 곳에서 꺼리고 싫어하는 사람을 만났을 때 '원수는 외나무다리에서 만난다'라는 속담을 써요. 다른 사람에게 나쁜 짓을 했다면 그 죄받을 날이 반드시 온다는 의미로 쓰이기도 해요.

50 등잔 밑이 어둡다

#사라진_물건에는_발이_없다 #실수의_손

시후 2

시후
나 스마트폰 잃어버렸어.
그래서 어제 연락 못 했어.

루아
그럼 스마트폰 새로 산 거야?

시후
아니. **등잔 밑이 어둡다**고.
침대 아래에 있었어.

루아
헉.
엄청 가까운 곳에 있었네.

시후
응. 그것도 모르고
학교랑 태권도장만 뒤졌어.

루아
연락이 없어서 걱정했어.
찾아서 다행!

시후
나도 스마트폰 없으니까 너무 답답하더라.

이제 잃어버리지 않게 잘 챙겨야지.

 루아의 마음 일기

　시후랑 매일 연락을 주고받았다. 우리는 다른 학교를 다니기 때문에 자주 볼 수 없다. 처음에는 그게 좀 슬펐는데 지금은 익숙해졌다. 그런데 어제 시후에게 연락이 없었다. 사실 속담 공부를 하고 봄이랑 노느라 바빠서 그냥 그런가 보다 했다. 나도 물건을 잘 잃어버린다. 오빠는 나더러 '실수의 손'이라고 놀린다. 시후랑 나랑 공통점을 또 하나 발견했다.

 똑똑 속담

등잔은 기름을 담아서 등불을 켜는 그릇이에요. 등불을 켜서 어둠을 밝히지만, 정작 등잔 밑은 빛이 닿지 않아 어둡지요. 이 속담은 오히려 가까이 있는 사람과 물건에 무심하고 알기 어렵다는 뜻으로 써요.

 **비슷한 속담? 고사성어!**

燈 下 不 明　　**등하불명**
등 등　아래 하　아닐 불　밝을 명
: 등잔 밑이 어둡다.

51

도토리 키 재기

#인기투표_1등은_누구? #인기가_많으면_좋을까? 🔍

★ 4-1 친구들 ★ 👤 10

수빈
1반은 선생님 몰래 인기투표 했대.

민준
우리 반도 해 보는 거 어때?
나는 3등은 할 것 같아.

재하
나는 2등!

현호
그럼 내가 1등!

예린
도토리 키 재기하네.
누가 너희 인기 있대?

루아
이민준
뒤에서 3등 예상함.

민준
이루아! 너는 그러면 안 되지!

루아

히히. 이민준 놀리는 게 제일 재밌어. 😊

유진

그런데 좀 궁금하다.

남자 인기투표 1등은 누굴까?

 루아의 마음 일기

　인기가 있으면 좋을까. 다른 아이들이 나를 좋아하는 거니까? 좀 귀찮을 것도 같다. 나는 인기가 많은 것보다 내가 좋아하는 사람이 나를 좋아하는 게 더 좋다. 시후랑 유진이, 예린이, 민준이 같은 내 친구들이 말이다. 그런데 나만 이렇게 생각하나 보다. 민준이는 아주 인기 욕심쟁이였다.

 **똑똑 속담**

도토리는 동그랗고 작은 열매예요. 그래서 작은 도토리들끼리 누가 더 큰가 크기를 재는 일은 크게 의미가 없지요. 서로 실력이 비슷해서 견주어 볼 필요가 없을 때 '도토리 키 재기'라고 해요. 정도가 고만고만한 사람끼리 다툰다는 의미도 있어요.

 **비슷한 속담? 속담!**

☆ **네 콩이 크니 내 콩이 크니 한다** : 비슷한 것을 가지고 서로 자신의 것이 낫다고 싸운다.

52 떡 줄 사람은 꿈도 안 꾸는데 김칫국부터 마신다

#알려_줄까?_말까? #민준이의_인기_순위

민준 2

민준
우리 반 여자애들끼리 인기투표 했다며?

루아
응. 박수빈이 종이 나눠 주더라.

민준
그래서? 넌 당연히 나 뽑았지?

루아
떡 줄 사람은 꿈도 안 꾸는데 김칫국부터 마시냐?

민준
날 뽑았다는 거야,
아니라는 거야.

루아
내가 너를 뽑았을까? 아닐까?
맞춰 봐!

민준
야, 이루아!
너 장난 칠래?

> 루아
> 도대체 인기투표는 왜 하는 거야?
> 난 그런 거 신경 안 써.

> 민준
> 그래 너 잘났다!

루아의 마음 일기

사실 나는 민준이를 뽑았다. 나랑 가장 친한 친구고, 자전거를 사랑하는 모습이 멋지다고 생각했다. 하지만 민준이를 놀리려고 일부러 아닌 척했다. 인기투표에서 민준이는 기대했던 것만큼 많은 표를 얻지는 못했다. 민준이가 이 사실을 알면 속상해하겠지. 평생 비밀로 해야겠다.

똑똑 속담

'**떡 줄 사람은 꿈도 안 꾸는데 김칫국부터 마신다**'는 상대는 해 줄 생각이 없는데, 미리부터 해 줄 것을 기대하고 행동한다는 의미예요.

비슷한 속담? 속담!

☆ **남의 밥 보고 장 떠먹는다**   ☆ **떡방아 소리 듣고 김칫국 찾는다**
: 해 줄 사람은 생각지도 않는데 미리부터 다 된 일로 알고 행동한다.

53 티끌 모아 태산

#티끌_모아_새집 #유진이와_이웃사촌

♥ 우리 가족 ♥ 👤 4

엄마
우리 내년에 이사 갈 것 같아!

루아
돈을 엄청 많이 모아야 한다며? 😮

로운
맞아!
집은 아주아주 비쌌댔어!

아빠
티끌 모아 태산이지! 🙂

로운
무슨 뜻이더라?
티끌은 아주 작은 먼지고…….

루아
태산은 아주 큰 산이잖아!

엄마
맞아. 엄마 아빠가 열심히 일하고 모아서
집을 살 수 있게 됐어.

루아
> 우아! 신난다!
> 빨리 새집에 가 보고 싶어.

 로운
> 나도 새집 궁금하다!

루아의 마음 일기

텔레비전에서 집이 점점 비싸진다는 뉴스를 본 적이 있다. 지금 우리가 사는 집은 주인이 따로 있다고 했다. 난 아직도 그게 좀 헷갈린다. 주인은 따로 있고, 우리는 빌려 사는 거라고? 어쨌든 내년에 우리는 이사를 간다. 멀리 가면 어떡하나 걱정했는데, 바로 길 건너에 있는 집이라고 했다. 길 건너? 거기는 유진이가 사는 동네다! 그럼 유진이랑 같이 학교에 가야지!

 **똑똑 속담**

티끌은 눈에 겨우 보이는 티와 먼지를 말해요. 태산은 아주 높고 큰 산을 말하지요. 티끌이 모여서 태산을 만들듯, 아무리 작은 것이라도 모이고 모이면 나중에 큰 것을 이룰 수 있음을 의미해요.

 비슷한 속담? 속담!

★ **모래알도 모으면 산이 된다** : 작은 모래알이 모여서 큰 산을 이룬다.

54 믿는 도끼에 발등 찍힌다

#아직은_놀고_싶은_열한_살 #학원은_이제_그만!

♨ 영원한 삼총사 ♨ 3

유진
엄마가 다음 주부터 당장 영어 학원 다니래.
지금 수학도 다니는데…….

루아
너 피아노도 다니잖아.
벌써 학원 3개!

유진
분명 영어 학원은 5학년 때 다니기로 했거든.

예린
맞아!
엄마랑 그렇게 약속했다며!

유진
그 약속만 믿고 있었는데,
갑자기 오늘 영어 학원을
등록했다는 거야.

루아
믿는 도끼에 발등 찍힌 거네.

유진
엄마가 거짓말을 할 줄은…….

 예린
우리 엄마도 마찬가지야.
요새 나보고 학원 다니라고 잔소리야.

루아
우리 아직 4학년인데!

 유진
그러게. 놀고 싶다.

쉿! 루아의 마음 일기

　점점 학원 다니는 아이들이 많아진다. 영어, 수학, 과학, 미술, 음악……. 학원도 정말 많다. 나는 시후랑 수영 학원을 다니고, 또 글짓기 학원은 다니다가 그만뒀다. 대신 집에서 학습지를 푸는데 그것만 해도 바쁘다. 왜 4학년인데 5학년 공부를 미리 해야 하는지 모르겠다. 4학년이면 4학년 공부만 하면 좋겠다.

! 똑똑 속담

평소 자주 사용하고 잘 드는 도끼였다고 해도, 잘못하면 내 발등을 찍을 수도 있어요. 이처럼 평소 믿고 있던 사람이 배신하거나 해를 입혔을 때, 또는 잘되리라 믿고 있던 일이 어긋날 때 '믿는 도끼에 발등 찍힌다'라고 해요.

55 참새가 방앗간을 그저 지나랴

#엄마와_주말_데이트 #옷이랑_핫도그랑

엄마 2

엄마
루아야,
이따가 엄마랑 데이트할까?

루아
좋아!
설마 이래 놓고 치과 가는 건 아니지? 😟

엄마
아니야. 😉
옷 사 주려고 그러지.

루아
좋아! 쇼핑이다!
그러면 옷 산 다음에
핫도그랑 아이스크림도!

엄마
참새가 방앗간을 그저 지날까.
그럴 줄 알았어.

루아

내가 참새야?

귀여운 참새? 😊

엄마

그래. 엄마의 귀여운 참새지.

루아

엄마랑 오랜만에 데이트라니! 너무 설레! 😍

쉿! 루아의 마음 일기

주말에 엄마랑 단둘이 외출했다. 아주 가끔 있는 일이라서 설레고 좋았다. 오빠랑 아빠에게는 미안한 일이지만 어쩔 수 없다. 나는 엄마랑 옷 가게에 가서 청바지를 샀다. 바지 뒷부분에 체크 무늬 주머니가 달려 있어 마음에 쏙 들었다. 그리고 나의 방앗간! 핫도그 가게에 가서 치즈 핫도그를 사 먹었다. 요즘 핫도그가 제일 맛있다.

똑똑 속담

방앗간은 방아로 곡식을 찧거나 빻는 곳을 말해요. 곡식을 좋아하는 참새에게 방앗간은 그냥 지나칠 수 없는 곳이지요. '참새가 방앗간을 그저 지나랴'라는 속담은 좋아하는 곳을 발견하여 쉽게 지나치지 못한다는 뜻이에요. 또는 욕심 많은 사람이 자신이 좋아하는 것을 발견했을 때 가만있지 못한다는 뜻으로도 쓰인답니다.

56 첫술에 배부르랴

#운동_천재_강시후 #자신감이_필요해

시후 2

루아: 시후야, 나 할 말 있어.

시후: 뭔데?

루아: 음, 사실은 나……
루아: 수영 그만둬야 할 것 같아.

시후: 헉! 왜?

루아: 너무 어려워.
루아: 나만 물에 못 떠서 속상해.

시후: 첫술에 배부르겠어?
시후: 나도 처음에는 물만 먹고, 뜨지도 못했어.

루아: 그런가?

시후
그렇다니까! 조금만 더 해 보자.

루아
나는 수영에 재능이 없나 봐.

 시후
그냥 재미로 하는 건데, 재능이 무슨 상관이야.

루아
그래, 알겠어.
이번 주말에 봐!

루아의 마음 일기

토요일마다 시후랑 수영을 배우러 간다. 시후는 금방 배워서 중급반으로 갔는데, 나는 아직 물에 뜨지도 못한다. 정말 창피하다. 지난주에는 일부러 아침에 똥도 싸고 갔다. 내 몸이 무거워서 가라앉는 것 같았기 때문이다. 그래도 시후가 응원해 줬으니 다시 용기를 내 보기로 했다.

 똑똑 속담

첫술은 밥을 먹을 때 처음으로 드는 숟갈을 말해요. 밥 한 숟갈로 배가 부를 순 없겠지요? '첫술에 배부르랴'는 어떤 일이든 단번에 만족할 수 없다는 의미랍니다.

57 입이 열 개라도 할 말이 없다

#봄이_이런_모습_처음이야 #배고프다_야옹!

로운 2

루아
오빠!

아침에 봄이 밥 안 줬어? 😨

로운
헉. 깜박했다.

루아
오빠는 아침이랑 점심 다 먹었으면서

어떻게 봄이 밥은 까먹어? 😡

로운
입이 열 개라도 할 말이 없다. 😭😭

늦잠 자서 급히 나가느라 그랬어.

루아
봄이 배고파서 울고,

완전 사나워졌어.

로운
봄아

내가 진짜 잘못했어. 😭

루아
봄이가 오빠 밉대!

로운
용서해 줘.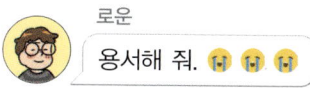

루아의 마음 일기

학교가 끝나고 집에 왔는데 봄이가 이상했다. 비닐을 막 씹더니, 손으로 밥그릇을 툭 쳤다. 봄이가 밥그릇을 치는 건 처음이었다. 이상하다는 생각이 들어서 오빠에게 톡을 했는데 세상에, 봄이 밥을 안 줬다는 거다. 밥을 주니까 그제야 봄이는 허겁지겁 먹기 시작했다. 봄아, 미안해. 내가 오빠 혼내 줄게!

똑똑 속담

보통 잘못을 저지르면 변명을 하기 일쑤예요. 하지만 정말 큰 잘못을 저지르면 변명도 통하지 않아요. '입이 열 개라도 할 말이 없다'는 건, 잘못이 명백히 드러나 변명의 여지가 없다는 뜻이에요.

 비슷한 속담? 고사성어!

有 口 無 言
있을 유 입 구 없을 무 말씀 언

유구무언
: 입은 있으나 말이 없다.

58 산 넘어 산이다

#경쟁은_불타오르고 #내가_속담왕이_될_수_있을까?

외할머니 2

외할머니
루아야, 저녁은 잘 먹었어? 보고 싶네.

루아
나도 할머니 보고 싶어!

외할머니
요즘 속담 공부는 잘하고 있어?

루아
공부는 계속 하고 있는데,
경쟁자가 너무 많아졌어.

외할머니
산 넘어 산이네.

루아
할머니 나 그 속담 알아.
갈수록 힘들다!

외할머니
맞아.
산 하나를 넘으면 그만큼 루아도 성장할 거야.

루아

알았어.

오늘 속담 2개 더 외우고 자야겠다.

외할머니

우리 루아, 파이팅!

쉿! 루아의 마음 일기

오늘 학교에서 박수빈이 속담으로 농담하는 걸 들었는데, 내가 모르는 속담이었다. 괜히 마음이 쪼그라들고 기분이 안 좋았다. 그래도 할머니 응원 덕분에 조금 나아졌다. 시후는 속담 공부 그만하고 놀자고만 한다. 내가 누구 때문에 속담 공부 중인데……. 계속 산을 넘고 넘어서 얼른 놀이공원에 도착해 있으면 좋겠다.

똑똑 속담

산은 평지보다 높이 솟아 있어서 평지를 걷는 것보다 오르기가 훨씬 어려워요. 힘겹게 산 하나를 넘었는데, 다른 산 하나가 나타나면 어떤 기분일까요? '산 넘어 산이다'는 어려운 일을 해결했는데 그다음에 더 어려운 일이 기다리고 있는, 갈수록 어려운 지경에 처하게 된 경우를 말해요.

비슷한 속담? 속담!

⭐ **갈수록 태산** : 갈수록 더 높은 산이 나타나듯, 일을 할수록 더 어렵고 힘들어진다.

59 금강산 구경도 식후경이라

#멋진_구경보다_밥! #꿀맛_나는_냉면

♥ 우리 가족 ♥ ▲ 4

 엄마

아빠
루아는 냉면에 코를 박고 먹네. 😊

루아
내가 얼마나 배가 고팠는데! 😭

 로운
정말 쓰러질 뻔.

루아
배고플 때 먹으니까 냉면에서 꿀맛이 났어. 😋

엄마
그래. 금강산 구경도 식후경인데!

 로운
너무 배고파서 먹을 것 생각만 하느라
전망대에서 아무것도 못 봤어.

루아
나도.

 아빠
다음에는 밥부터 먹고 구경하자.

 루아의 마음 일기

오늘 가족끼리 전망대에 갔다. 전망대에 올라가면 아름다운 풍경을 볼 수 있다고 했다. 그런데 엄마가 지도를 잘못 보고 아빠가 길을 헤매는 바람에 생각보다 늦게 전망대에 도착했다. 그 사이 나랑 오빠는 배가 고파져서 전망대에서도 망원경을 보는 둥 마는 둥 하고 얼른 내려왔다. 허겁지겁 냉면을 먹으러 갔는데 꿀맛이었다.

 똑똑 속담

금강산은 우리나라에 있는 아름다운 산 중 하나예요. '금강산 구경도 식후경'은 금강산 구경만큼 재미있는 일이라도 배가 불러야 흥이 나지, 배가 고프면 아무것도 할 수 없다는 뜻이랍니다.

60 구슬이 서 말이라도 꿰어야 보배

민준
내 머릿속에는
지금 속담 서 말이 있거든.

루아
쳇, 부럽다. 😩

 루아의 마음 일기   🏠 💬 🔖 🔒 👤

공책을 펼쳐 놓고 과학 탐구 주제를 고민하는데, 봄이가 와서 공책 위에 발라당 누웠다. 나는 봄이가 시키는 대로 열심히 쓰다듬어 주었다. 봄이를 보니까 아이디어가 떠올랐다. 고양이 관찰하기! 하지만 머릿속으로 주제만 정하고 한 시간 내내 봄이랑 놀았다. 그나저나 민준이는 언제 저렇게 속담을 공부한 걸까.

 ❗ 똑똑 속담

'말'은 무게를 뜻하는 옛날 용어로, 지금으로 치면 18리터 정도 되는 양이에요. **'구슬이 서 말이라도 꿰어야 보배'** 라는 것은 아무리 훌륭하고 좋은 것이 있어도, 그것을 다듬고 정리해서 쓸모 있게 만들어야 값어치가 있다는 것이지요.

비슷한 속담? 속담!

⭐ **부뚜막의 소금도 집어넣어야 짜다** : 좋은 재료가 있고 조건이 마련되었어도 애써 사용하지 않으면 쓸모없다.

소년, 소녀를 만나다!

*만화 속 틀린 속담을 모두 찾아보아요.

61 미운 아이 떡 하나 더 준다

#유진이와_민준이는_상극 #조금_더럽지만_착한_민준이

♨ 영원한 삼총사 ♨ 👤 3

유진
아까 이민준 진짜 싫었어.

예린
트림하고서 입으로 가짜 트림 소리 또 낸 거? 😂

루아
내 친구지만 그럴 땐 진짜 이해 안 돼.

유진
짝 바꿨으면 좋겠어.
이민준 별로야.

예린
미운 아이 떡 하나 더 준다고, 잘해 줘.

루아
그래. 민준이 나쁜 애는 아니야.
착하긴 착해!

예린
칭찬 좀 해 주면
좋아서 어깨 으쓱하는 게 귀여워.

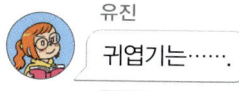 유진
귀엽기는…….

그게 귀여워 보이는 게 이상해. 😤

루아
그래도 짝이니까 잘 지내 봐. 😉

루아의 마음 일기

유진이랑 민준이랑 짝이 됐다. 민준이는 유진이가 싫어하는 모든 조건을 가졌다. 목소리가 크고, 떠들고, 촐싹대고, 장난도 많이 치고, 밥 먹을 때 입 벌리면서 말하고……. 하지만 예린이는 민준이가 성격 좋고, 친구들과 잘 어울린다고 한다. 목소리도 우렁차서 좋다고 하고. 누구의 말이 맞는 걸까?

 똑똑 속담

보통 미워하는 사람이 있다면 잘해 주고 싶지 않아요. 그렇지만 '미운 아이 떡 하나 더 준다'는 마음으로, 미운 사람일수록 잘해 주면서 나쁜 감정을 쌓지 않는 것이 좋아요.

비슷한 속담? 속담!

★ **미운 사람에게는 쫓아가 인사한다**: 미운 사람일수록 잘해 주면서 나쁜 감정을 쌓지 않는다.

62

그림의 떡

#새우_초밥은_맛있었지만 #봄이야_미안해

이모 2

루아
이모! 어제 엄마가 새우 초밥 사 왔어.

이모
맛있었겠다. 이모도 초밥 좋아해!

루아
그래? 그런데 봄이도 새우 달라고 울었어.

이모
아이고. 봄이한테 준 건 아니지?

루아
응! 안 줬어.

이모
봄이한테는 그림의 떡이었겠다.

루아
응. 먹는데 봄이한테 좀 미안하더라.
이제부터 새우 초밥은 식당에서만 먹을 거야.

이모
귀엽네. 😊

루아
뭐가?

이모
봄이도 귀엽고,
루아도 귀엽고. 😘

 루아의 마음 일기

고양이는 생선을 좋아한다. 새우도 바다에서 살아 그런가, 봄이 마음에 들었나 보다. 새우 초밥을 먹는데 자꾸 와서 울고 쳐다봤다. 오빠가 저녁밥도 챙겨 줬는데 말이다. 이모는 아무리 봄이가 불쌍해도 고양이한테는 고양이 사료와 간식만 줘야 한다고 하셨다. 새우 초밥은 맛있었지만 봄이에게 미안했다.

 똑똑 속담

맛있어 보이는 떡이 있어요. 그런데 그게 진짜 떡이 아니라 그림이라면 입맛만 다실 뿐 먹을 순 없겠지요? '그림의 떡'은 이처럼 마음에 들거나 좋아 보여도 실제로 쓸 수 없는 경우를 말해요.

 비슷한 속담? 고사성어!

畫 中 之 餅
그림 화 가운데 중 갈 지 떡 병

화중지병
: 그림의 떡

63 땅 짚고 헤엄치기

#나는_왼손잡이? #아니면_오른손잡이?

시후 2

시후
오늘 학교에서 애들이랑 시합했어.

루아
무슨 시합? 태권도 발차기?

시후
아니! 왼손으로 글씨 빨리 쓰기.

루아
왼손잡이가 이겼겠다.

시후
왼손잡이는 오른손으로 썼어.

루아
나한테는 완전 **땅 짚고 헤엄치기**였을텐데!

시후
왜?

루아
난 양손잡이라서
양손으로 다 글씨 쓸 수 있거든.

시후

루아
대신 글씨는 잘 못 써. 😂

왼손으로 쓴 글씨가

좀 더 예쁜 것 같기도 하고…….

쉿! 루아의 마음 일기

나는 유치원 때까지 오른손으로 글씨를 썼다. 그런데 초등학교에 들어와서 왼손으로 바뀌었다. 엄마는 어느 쪽으로 쓰든 글씨를 알아 보게 쓰는 것이 더 중요하다고 하셨다. 하지만 나는 양손으로 날아다 니는 글씨를 쓴다. 그럴 바에는 아예 한 손을 정해 놓고, 그 손으로 만 글씨 잘 쓰는 연습을 하는 편이 나을 것 같다.

똑똑 속담

물속에서 손으로 땅을 짚을 수 있다면, 물이 아주 얕다는 뜻이겠지요. 얕은 물에서는 수영도 쉬울 거예요. 그래서 일이 아주 쉽거나 확실할 때 '땅 짚고 헤엄치기'라는 속담을 써요.

 비슷한 속담? 속담!

☆ **주먹으로 물 찧기** : 주먹으로 물을 찧는 일만큼 쉽다.

64. 흐르는 물은 썩지 않는다

#외할머니는_영어왕? #아이_캔_스피크_잉글리쉬

외할머니 2

외할머니
Hi.
Did you have dinner?

루아
누구세요?
외할머니 아니에요?

외할머니
할머니 맞아. 😊
요즘 주민 센터에서 영어 회화 수업 듣거든.

루아
헉! 할머니 완전 멋져! 😘

외할머니
흐르는 물은 썩지 않는다고 하잖아.
할머니도 계속 공부하면서
자기 개발 좀 하려고.

루아
나도 할머니처럼 열심히 공부해야지!

외할머니
공부도 열심히,
노는 것도 열심히!
건강하게 지내다 만나요. 😊

루아
응! 할머니! 😊

루아의 마음 일기

나도 작년부터 학교에서 영어를 배우고 있다. 유진이처럼 영어 학원을 다니는 친구도 많다. 한국말도 어려운데, 영어까지 배워야 하다니……. 그런데 할머니가 영어를 잘하는 건 충격이다! 나도 자극을 받아서 할머니처럼 열심히 공부해야겠다.

똑똑 속담

고여 있는 물웅덩이는 물이 탁해서 다양한 생물이 살지 못해요. 반대로 개울이나 강은 흐르기 때문에 조금 더러워지더라도 흘려보내고, 깨끗한 새 물을 받을 수 있지요. 그래서 여러 생태계가 살아 숨 쉬어요. 마찬가지로 사람도 가만히 있을 것이 아니라 일하고 공부해야 시대에 뒤떨어지지 않는다는 뜻이에요.

비슷한 속담? 속담!

⭐ **구르는 돌은 이끼가 안 낀다** : 부지런히 노력하는 사람은 계속 발전한다.

65 엎드려 절받기

#숙제_지옥 #숙제_대신_해_줄_사람?

로운 2

루아
오빠, 내 수학 숙제 좀 대신 해 줘.

로운
숙제는 스스로 하는 거 아님?

루아
오늘은 진짜 하기 싫어.

로운
내가 숙제해 주면 넌 뭐 해 줄 건데?

루아
오빠한테 아주! 큰! 칭찬을 줄게.
오빠는 아주 상냥하고, 봄이 밥을 잘 챙겨 줘.

로운
그 정도로는 부족해.

루아
식물도 잘 키우고…….

로운
완전 엎드려 절받기네.

루아

이제 내 수학 숙제 해 줄 거야?

해 줄 거지? 😊

로운

아니! 바쁜 일이 있어서 이만…….

안녕! 😎

쉿! 루아의 마음 일기

어린이는 숙제하는 기계가 아니다. 그런데 매일 숙제가 있으니 너무 괴롭다. 특히 수학 숙제가 제일 싫다. 가끔 오빠한테 풀어 달라고 하는데, 한 번도 해 준 적이 없다. 설마 오빠도 몰라서 그러나? 6학년인데 4학년 수학을 모르는 건 아니겠지? 어쨌든 오늘도 오빠의 도움이 간절한 날이었다. 하지만 속고 말았다.

똑똑 속담

절은 보통 아랫사람이 윗사람에게, 또는 존경의 뜻을 담아서 해요. 그러나 **'엎드려 절받기'**는 내가 먼저 엎드려서 상대편도 어쩔 수 없이 절하는 상황을 말해요. 그러니까 상대편은 절을 할 마음도 없는데, 내가 요구하는 바람에 마지못해 대접한다는 뜻이지요.

비슷한 속담? 속담!

★ **옆찔러 절받기** : 상대편은 마음에 없는데 스스로 요구해 대접을 받다.

66
똥 묻은 개가 겨 묻은 개 나무란다

#누가_누구한테_냄새_지적이야! #살아난_말싸움_세포

★ 4-1 친구들 ★ 👤 10

재하
수업 시간에 김도현 방귀 금지!
뒷자리 앉은 사람 기절 직전!

도현
뭐야, 애들 다 있는 곳에서…….

재하
뭐긴 뭐야.
이 방귀쟁이야!

루아
똥 묻은 개가 겨 묻은 개 나무라네.

재하
뭐?

루아
너는 발 냄새 엄청 심하거든?
너 상처받을까 봐 일부러 말 안 했는데,
반 아이들 다 있는 데서 말하니까
기분이 어때?

재하
쳇. 미안하다, 김도현.

루아
친구끼리도
예의를 지키라고!

루아의 마음 일기

나는 말싸움 대장이(였)다. 하지만 시후를 만나고 더 이상 싸우지 않기로 했다. 가끔 말싸움하고 싶을 때도 있지만, 그냥 지나갈 때가 더 많다. 솔직히 내가 봐주는 거다. 그런데 오늘은 좀 화가 났다. 재하에게 한마디 하고 나니까 속이 시원했다. 이제 예의 없는 아이들 앞에서는 참지 않을 테다!

똑똑 속담

겨는 곡식을 찧으면서 벗겨 낸 껍질 찌꺼기를 말해요. **'똥 묻은 개가 겨 묻은 개 나무란다'**라는 속담은 자신도 큰 흉을 가지고 있으면서 도리어 남의 흉을 나무란다는 뜻이에요.

 비슷한 속담? 속담!

★ 가랑잎이 솔잎더러 바스락거린다고 한다   ★ 숯이 검정 나무란다
: 자신의 잘못이나 단점은 생각하지 않고 남의 잘못만 나무란다.

67 사촌이 땅을 사면 배가 아프다

#태권_소년들 #시후와_민세는_사촌!

시후 2

루아
이번 주말에 민세도 같이 노는 거지?
그럼 나도 유진이 부를게!

시후
사실 나 요즘 민세랑 사이 안 좋아.

루아
싸웠어? 😮

시후
이번에 나는 태권도 품새 따고
민세는 떨어졌거든.
그 후로 민세랑 연락이 잘 안 돼.

루아
헉. 😮
삐친 건가?

시후
사촌이 땅을 사면 배가 아프다니까.
아마도. 😭

150

루아
딱 맞는 속담이다. 😅
심지어 너네 진짜 사촌 사이잖아!

시후
후유. 😟

루아
걱정 마. 금방 풀릴 거야.

쉿! 루아의 마음 일기

나랑 시후, 민세, 유진, 우리 넷은 자주 만나서 논다. 원래 민세와는 원수 사이였는데 이렇게 넷이 놀게 된 것도 참 신기하다. 친해지고 보니 민세는 농담도 잘하고 춤도 잘 추는 꽤 괜찮은 친구였다. 그런데 민세가 시후한테 삐치는 바람에 이번 주말에는 빠질 수도 있다. 사촌인데 얼른 화해해!

민세
시후야 그동안
연락 못 해서 미안

똑똑 속담

사촌은 가까운 친척을 말해요. 보통 나이대도 비슷해서 자라는 동안 괜히 비교를 당하곤 하지요. 그래서 사촌이 잘됐을 때 샘을 내는 경우도 있어요. 이처럼 남이 잘되는 것을 기뻐해 주지 않고, 오히려 질투나 시기할 때 이 속담을 써요.

68. 열 길 물속은 알아도 한 길 사람의 속은 모른다

#예린이의_비밀 #경쟁자가_또_늘었다

♨ 영원한 삼총사 ♨ 2 3

유진
예린이 너도 속담왕 대회 나가?

예린
응…….

루아
진짜? 왜 말 안 했어?

예린
말할 타이밍을 놓쳤어. 미안해. 😂

루아
넌 나보다 속담도 훨씬 잘 아니까,
나갈 만하지.

유진
예린이 속담 잘 알긴 하지.

루아
그래도 미리 말은 해 주지.
열 길 물속은 알아도 한 길 사람의 속은 모른다…….
조금 섭섭하다.

예린
일부러 속인 건 아니야.
미안해. 😭

루아
아냐. 우리 같이 잘해 보자!

 루아의 마음 일기

유진이가 예린이도 속담왕 대회에 나간다는 소문을 들었다고 했다. 우리는 고민을 하다가 예린이한테 직접 물었다. 설마했던 일이 진짜가 되었다. 예린이는 속담을 잘 알아서 강력한 1위 후보다. 로운 오빠, 박수빈, 민준이, 이제는 예린이까지. 경쟁자가 엄청 많아졌다.

 똑똑 속담

물속은 길이 열 길, 스무 길 여러 갈래라도 물이 맑아서 안이 다 들여다보여요. 물속에서 길 찾기가 쉽지는 않지만, 방향과 목적지는 정해져 있지요. 그렇지만 사람의 마음속은 어떤가요? 고작 하나뿐인 마음인데, 그 마음을 읽어 내기가 쉽지 않아요. 이 속담은 그만큼 사람 마음 알기가 힘들다는 뜻으로 쓰여요.

 **비슷한 속담? 속담!**

☆ **사람 속은 천 길 물속이라** : 사람 속을 알기란 천 길 물속을 헤매는 것만큼 어렵다.

69. 호박이 넝쿨째로 굴러떨어졌다

#뜻밖의_인기 #SNS_스타_봄

♥ 우리 가족 ♥ 👤 4

로운
진짜 진짜 기쁜 소식! 😘

엄마
기쁜 소식?

로운
내가 봄이 사진을 SNS에 올렸는데,
좋아요가 엄청 달렸어! 😎
그리고 고양이 간식 회사에서 쪽지가 왔어!

아빠
오, 그거 아무나 받는 거 아닌데? 😮

로운
간식 보내 줄 테니까,
봄이가 먹는 모습 찍어서 올려 달래.

루아
우아! 진짜 좋다! 😍
이제 봄이 SNS 스타 되는 거야?

로운
그냥 봄이 사진만 올렸을 뿐인데
인기도 얻었네? 😎

루아
호박이 넝쿨째로 굴러떨어졌네.
우리 봄이가 행운을 부르는 것 같아. 😍

 루아의 마음 일기

　　오빠가 SNS를 시작했다. 나한테는 계정을 알려 주지 않았지만, 다 알아내는 수가 있다. 처음 오빠의 SNS는 친구도 없고, 인기도 없어 보였다. 좀 불쌍했다. 그런데 봄이 사진을 올리면서 확 달라졌다. 아이부터 어른, 노인까지 다들 봄이 사진에 좋아요를 눌렀다. 봄이가 유명해지면서 오빠도 어깨가 으쓱해졌다.

 똑똑 속담

호박은 아주 크고, 또 열매부터 잎까지 먹을 것이 많은 농작물이에요. 그래서 '호박이 넝쿨째로 굴러떨어졌다'라는 말은 뜻밖에 좋은 물건을 얻거나, 행운을 만났을 때 쓰여요.

 **비슷한 속담? 속담!**

★ **아닌 밤중에 찰시루떡** : 예상치 못하게 좋은 일을 맞이했다.

70 아닌 밤중에 홍두깨

#아닌_밤중에_슬픔 #이루아_자신감_하락

민준 2

루아
나 요즘 힘들어.
속담왕 대회 나가지 말까 봐.

민준
아닌 밤중에 홍두깨도 아니고,
갑자기 왜?
속담 공부 열심히 했잖아.
무슨 일 있음?

루아
예린이도 나간다 그러고,
경쟁자가 너무 많아졌어.
으악. 머리 아파.

민준
예린이가 속담을 잘 알긴 해.

루아
나 1등 못 하면 어떡해?

민준
1등이 그렇게 중요해?

루아
이거야말로 아닌 밤중에 홍두깨네.
당연히 1등해야지!
안 그러면 왜 나가?

민준
1등 할 것 아니면, 나가면 안 되나……?

 루아의 마음 일기

경쟁자가 많아질수록 자신이 없어진다. 그런데 민준이는 엉뚱한 소리만 한다. 1등이 중요하냐니. 당연한 거 아닌가? 나는 시후와 놀이공원에 가려고 속담왕 대회에 나가는 거다. 1등 상품이 놀이공원 입장권이니까! 그럼 다른 애들은 대회에 나가는 이유가 다 다를까? 민준이는 왜 나가는 걸까?

 똑똑 속담

홍두깨는 나무를 깎아 만든 방망이예요. 옷을 두드려서 반듯하게 펴는 도구로 썼지요. '아닌 밤중에 홍두깨'는 잠을 자고 있는데 누군가 홍두깨를 들이미는, 몹시 생뚱맞은 상황을 말해요. 갑자기 엉뚱한 말이나 행동을 한다는 뜻이지요.

71 달걀로 바위 치기

#골_때리는_아이들 #다_덤벼!

★ 4-1 친구들 ★ 👤 10

 미주
오늘 여자들끼리 축구한 거 진짜 재밌었지?

 수빈
다음 체육 시간에 또 하고 싶다! 😄

 예린
나는 루아가 그렇게 슛을 잘 쏘는 줄 몰랐어.

 유진
난 골키퍼가 딱 좋아! 😄

 현호
그래도 우리 남자들한텐 안 될걸?

루아
어디 덤벼 봐! 😠
너희야말로 달걀로 바위 치기일 거다!

 민준
나는 솔직히 이루아 무서워.

 유진
남자랑 여자랑 섞어서 해 보는 건 어때?

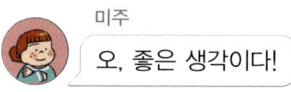

미주
오, 좋은 생각이다!

루아
좋아! 당장 내일 하자!

쉿! 루아의 마음 일기

오늘 체육 시간에 여자아이들끼리 축구 시합을 했다. 규칙은 알고 있었는데 우리가 공을 차면서 달린 건 처음이었다. 왜 그동안 이 재밌는 걸 안 했지? 축구는 남자만 하는 게 아니다. 공을 쫓아 달리다가 발로 뻥! 차는데 기분이 좋았다. 제일 웃겼던 건, 미주가 골키퍼였는데 공을 차느라 골대를 비웠던 일이다. 그래도 우리가 이겼다!

똑똑 속담

달걀은 껍데기가 얇아서 아주 약해요. 작은 충격에도 부서질 수 있어요. 반대로 바위는 아주 크고 단단해요. 그러니 달걀로 바위를 치면 어떻게 되겠어요? 결과가 뻔한 달걀과 바위의 대결처럼 한쪽이 너무 우세해서 다른 한쪽이 맞서도 도저히 이길 수 없는 경우에 이 속담을 써요.

비슷한 속담? 고사성어!

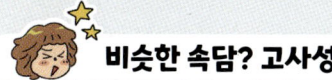

以 卵 投 石
써 이 알 란 던질 투 돌 석

이란투석
: 달걀로 돌을 친다.

72 낮말은 새가 듣고 밤말은 쥐가 듣는다

#코딱지가_뭐라고 #자꾸_네_콧구멍만_보여

시후 2

시후
루아야, 고백할 게 있어.

루아
고백?
나 좋아한다고 또 고백하는 거야? 😥

시후
나 심각해.
이거 듣고 나한테 실망하지 마.

루아
무슨 일 있어? 😮

시후
나 사실 코 판다?
아까 태권도 학원 끝나고 코 파다가 박수빈한테 걸렸어. 😭
박수빈이 비밀이라면서 다른 애한테
나 코 판 얘기 하는 것 같던데…….

루아
박수빈?

시후
낮말은 새가 듣고 밤말은 쥐가 듣는다고.
다 소문나기 전에 먼저 말하는 거야.

루아
뭐야, 코딱지 그거 별거 아니야. 소문나도 돼!

 시후
나는 네가 더럽다고 싫어할까 봐…….

루아의 마음 일기

시후가 코를 팠다고? 시후한테 상관없다고 말했는데, 문제가 생겼다. 그다음부터 시후를 만날 때마다 시후 콧구멍만 보인다. 나를 만나기 전에 코를 파고 왔을까? 아니면 집에 가는 길에 몰래 팔까? 물론 이런 생각을 한다는 건 아무한테도 말 안 했다. 시후가 알면 두 번 상처 받을지도 모르니까!

똑똑 속담

'낮말은 새가 듣고 밤말은 쥐가 듣는다'는 낮이고 밤이고 반드시 듣는 이가 있으니 말조심을 해야 한다는 뜻이에요. 아무도 듣지 않은 곳에서 전한 비밀이라고 해도, 언제든 남의 귀에 들어갈 수 있기 때문이지요.

73 뛰는 놈 위에 나는 놈 있다

#글_쓰는_수많은_어린이 #그러나_유진이는_하나뿐

유진 2

유진
나 글짓기 대회에서
상 못 받았어.

루아
왜? 내가 아는 어린이 중에서
네가 글 제일 잘 쓰는데!

유진
나도 모르겠다.

루아
내가 다 슬프네.
그래도 나한테는 네가 최고야!

유진
뛰는 놈 위에 나는 놈 있었나 봐.
나도 잘 쓰지만,
더 잘 쓰는 애들이 있었겠지.

루아
너는 놈이 아니야!

유진
그래. 뛰는 아이 위에 나는 아이.

루아
유진이 너는 훨훨 나는 아이가 될 거야!

화이팅! 😘

루아의 마음 일기

유진이가 요즘 우울해 보였다. 얼마 전에 초등학생 글짓기 대회에 동시를 냈는데 떨어졌다고 한다. 당연히 유진이가 받을 줄 알았는데, 나도 유진이만큼 속상했다. 유진이를 달래 주려고 같이 서점에 갔다. 그런데 갑자기 유진이가 사라진 거다! 유진이는 잡지 코너에서 굿보이즈 한결 오빠가 표지 모델인 잡지를 보며 활짝 웃고 있었다.

 똑똑 속담

'뛰는 놈 위에 나는 놈 있다'라는 속담은 재주가 뛰어난 사람이 있으면 언제든 그보다 더 뛰어난 사람도 있기 마련이란 뜻이에요. 스스로 뽐내는 사람에게 충고의 의미로 하는 말이기도 합니다.

비슷한 속담? 속담!

⭐ **나는 놈 위에 타는 놈 있다** : 아무리 재주가 뛰어나도 그보다 더 뛰어난 재주를 가진 사람이 있다.

74 마파람에 게 눈 감추듯

#냠냠_맛있어 #누가_떡꼬치를_먹었을까

♥ 우리 가족 ♥ 👤 4

로운
내가 사다 놓은 떡꼬치 못 봤어?

엄마
못 봤는데?

아빠
아빠는 떡꼬치보다 순대지!

로운
누구지?
잠깐 화장실 다녀온 사이에 꼬치만 남았어.

루아
내가 **마파람에 게 눈 감추듯** 먹어 버렸지.
냠냠! 나는 수영하러 갈게!

로운
뭐? 이루아, 너일 줄 알았어!

엄마
아이고, 로운아.
엄마가 새로 사 줄게.

아빠
그래. 오늘 점심은……
분식이다! 😋

엄마
응. 😊 떡볶이랑 순대도 사 줄게!

쉿! 루아의 마음 일기

　오늘은 시후랑 수영을 가는 날이다. 지난주부터 물에 뜨는 법을 익혀서 수영에 재미가 붙었다. 그런데 수영을 하면 배가 너무 고프다. 오늘은 수영 가기 전에 잔뜩 먹어 두려고 했는데, 마침 식탁에 떡꼬치가 있었다! 나는 누가 날 위해 떡꼬치를 사다 놓은 줄 알았다. 맛있게 먹고 수영장에 가려는데 오빠의 비명이 들렸다.

똑똑 속담

남쪽에서 부는 바람을 '마파람'이라고 해요. 뱃사람들이 쓰는 말이니, 바닷가에서 부는 남풍을 일컫지요. 바람이 불면 게는 위협을 느끼고 재빠르게 눈을 감춰요. 이 속담은 게가 눈을 감추는 것처럼 아주 빠르게 음식을 먹어 버렸을 때 써요.

 비슷한 속담? 속담!

☆ **두꺼비 파리 잡아먹듯** : 눈앞에 있는 음식을 아주 빨리 먹어 치우는 모습

75 쇠귀에 경 읽기

#예린이와_예지 #나도_언니가_있었으면

예린 👤 2

예린
예지 때문에 정말 짜증 나. 😫

루아
왜?
또 네 옷 입었어?

예린
어떻게 알았음?
예지가 어제 내 하얀 운동화 신고 학교 갔어.
발에 맞지도 않으면서……. 😭

루아
어제 비도 왔는데! 😨
신발 더러워졌겠다.

예린
내 말이!
내 물건 맘대로 쓰지 말라고
그렇게 말했는데. 😭

루아
> 쇠귀에 경 읽기다.
> 언니 물건은 다 좋아 보이나 봐.

 예린
> 자기도 좋은 물건 많으면서…….

쉿! 루아의 마음 일기

사실 나는 예린이가 부럽다. 나는 오빠만 있어서 심심하다. 오빠는 옷이나 신발을 같이 쓸 수도 없고, 늘 게임에만 빠져 있어서 나랑 말도 잘 하지 않는다. 나한테도 언니나 여동생이 있으면 얼마나 좋을까? 하지만 엄마가 있어 다행이다. 엄마가 가끔 친구나 언니가 되어 주니까.

 **똑똑 속담**

옛 조상들이 읽고 외우던 책을 '경'이라고 해요. '소의'를 줄여서 '쇠'라고 하고요. 소의 귀에 경을 읽어 봐야 소는 무슨 말인지 못 알아들어요. 아무리 가르치고 일러도 알아듣지 못하거나 효과가 없는 상황을 말하는 것이지요.

 **비슷한 속담? 고사성어!**

牛 耳 讀 經
소 **우** 귀 **이** 읽을 **독** 글 **경**

우이독경
: 소의 귀에 글 읽기.

76 작은 고추가 더 맵다

#키는_상관없어! #매운맛_이루아

외할머니 2

루아
엄마랑 할머니는 키가 큰데,
나는 왜 작지?

외할머니
루아도 점점 클 거야.

루아
나 학교에서 맨날 첫째 줄이나 둘째 줄에 앉아.
키 작은 거 별로야.
나도 키 크고 싶어.

외할머니
작은 고추가 더 맵다고 했어.
루아는 작아도 잘하는 게 많잖아.

루아
하긴 나는 목소리도 크고, 말싸움도 잘하지.
축구도 잘해!
나 매운맛 이루아야!

외할머니
할머니한테는 우리 손녀가 최고야.

골고루 잘 먹으면 금방 키 클거야.

루아

응! 앞으로 야채도 잘 먹을 거야!

 루아의 마음 일기

오늘 애들이랑 키를 쟀는데, 내가 제일 작았다. 내 키가 크진 않지만 그래도 반에서 가장 작은 줄은 몰랐다. 유진이랑 민준이는 작년까지 나보다 키가 작았다. 그런데 점점 비슷해지더니 나보다 커졌다. 친구들은 자라는데 나만 멈춘 걸까? 외할머니는 음식을 골고루 먹으라고 하셨다. 골고루 먹고 얼른 커야지!

 똑똑 속담

고추는 매운맛이 나는 채소예요. 그러니까 '작은 고추가 더 맵다'라는 말은 몸집이 작은 사람이 큰 사람보다 야무지고 재주가 뛰어날 때 쓰지요.

 **비슷한 속담? 속담!**

☆ **작아도 후추알** : 몸집이 작아 보여도 성질이 단단하고 야무지다.

77 우물 안 개구리

#우물_안_4학년 #자전거_타고_우물_탈출!

민준 2

루아
너 새 자전거 샀다며? 부럽다.

민준
응! 생일 선물로 받았어. 😊

루아
넌 진짜 자전거 좋아한다.

민준
19살이 되면 자전거 타고 세계 여행할 거야.

루아
그래, 세계 여행이 네 꿈이잖아.

민준
응! 우물 안 개구리가 되지 않을래.

루아
어! 유진이도 비슷한 말을 했어!
유진이는 우물 안 개구리가 되기 싫어서 책을 읽는대.

민준
유진이가 뭘 좀 아네.

 루아의 마음 일기

　우물 안 개구리는 어떤 모습일까? 조금 귀여울 것도 같다. 민준이는 우물 안 개구리가 되지 않기 위해 자전거를 타고, 유진이는 책을 읽는다고 했다. 그러면 나는 무엇을 해야 하지? 민준이와 유진이의 말처럼 우리는 우물 안에 갇혀 있는 건가? 다들 우물을 나가고 나 혼자 남으면 어떡하지?

 똑똑 속담

우물에 갇힌 개구리는 좁은 우물 안이 세상의 전부라고 생각해요. 이처럼 '우물 안 개구리'는 넓은 세상의 형편을 알지 못하는 사람을 비유할 때 쓰는 말이지요. 또는 지식의 폭이 좁아서 자기만 잘난 줄 아는 사람을 비꼴 때 쓰기도 한답니다.

78. 닭 쫓던 개 지붕 쳐다보듯

유진
이민준하고, 박수빈하고? 😟

루아
말도 안 돼!

쉿! 루아의 마음 일기

진짜 진짜 충격이다. 이민준이 박수빈이랑 사귄다고? 예린이는 민준이를 오랫동안 짝사랑했다. 그런데 용기가 나지 않아 그냥 친구로 지낼지, 고백을 할지 갈팡질팡했다. 그 사이에 박수빈이랑 사귀어 버리다니. 당장 이민준에게 전화를 걸어 따지고 싶었지만, 예린이가 말려서 겨우 참았다.

똑똑 속담

닭에게는 날개가 있고 개는 없어요. 개에게 쫓기던 닭이 지붕 위까지 날아 올라가면, 개는 쫓아 올라가지 못하고 지붕만 쳐다볼 수밖에 없지요. 이렇듯 애써 하던 일이 실패로 돌아가거나, 남에게 뒤처져서 어쩔 수 없게 되었다는 의미예요.

비슷한 속담? 고사성어!

逐 鷄 望 籬
쫓을 축   닭 계   바랄 망   울타리 리(이)

축계망리
: 닭 쫓던 개 지붕 쳐다본다.

79 짚신도 제짝이 있다

#고백_데이_그_후 #이민준_짜증_나!

♨ 영원한 삼총사 ♨ 👤 3

루아
예린아… 괜찮아?

유진
아까 급식도 많이 남기고. 걱정돼.

예린
난 괜찮아. 😭

루아
이민준 진짜 어이없네.

예린이처럼 좋은 애를 몰라보고 말이야!

유진
짚신도 제짝이 있다고 했어.

루아
맞아! 이민준보다 좋은 짝이

네 앞에 나타날 거야.

이민준 같은 애는 잊어!

예린
응. 그런데 당분간 사랑은 힘들다.

루아

우리 예린이. 😭

유진

나도 슬프다. 😭 😭

힘내 예린아!

쉿! 루아의 마음 일기

　예린이가 힘들어한다. 예린이의 이런 모습은 처음이라, 나도 어떻게 위로를 해야 할지 모르겠다. 급식에 좋아하는 닭강정이 나왔는데도 먹지 않는 예린이의 모습을 보니 나도 속상했다. 그리고 괜히 이민준이 미워졌다. 학교에서 이민준이 알은체를 하면서 인사를 했는데, 나는 받아 주지 않고 째려보며 지나갔다. 예린이의 짚신, 아니 사랑은 어디에 있을까.

똑똑 속담

짚신은 볏짚에서 나온 가는 새끼를 꼬아 만든 신발을 말해요. 신발은 늘 두 개가 한 쌍을 이루어요. **짚신도 다른 짚신 하나를 제짝으로 두는 것처럼 누구에게나 '짝'이 있다**는 의미로 이 속담을 써요.

 비슷한 속담? 속담!

⭐ **헌 고리도 짝이 있다** : 보잘 것 없는 사람도 제짝이 있다.

80. 뱁새가 황새를 따라가면 다리가 찢어진다

#뜀틀의_왕_채유진 #뱁새의_도전장

★ 4-1 친구들 ★ 👤 10

도현
오늘 유진이 뜀틀 넘는 거 보고 반함!

민준
나도! 완전 깃털처럼 사뿐하게 넘던데?

루아
유진이 글만 잘 쓰는 줄 알았는데, 대박!

재하
내가 운동화만 신고 왔어도 이겼는데…!

민준
너 유진이 이기겠다고
뜀틀 넘다가 바지 찢어졌잖아.

도현
그래. 미안하지만 네 팬티 색깔 다 봤어.

루아
뱁새가 황새를 따라가면 다리가 찢어진단다.
너는 유진이 따라가려면 멀었어.
더 연습해.

재하
나도 할 수 있어! 다음 주에 한판 붙자!

유진
대결을 받아들이겠다!

쉿! 루아의 마음 일기

　오늘은 뜀틀 수업을 했다. 그런데 유진이가 너무 잘 뛰어서 다들 놀랐다. 책을 좋아한다고 운동을 못 하는 건 아니다. 유진이는 도움닫기도 잘하고, 자세도 완벽했다. 선생님이 유진이를 엄청 칭찬하셨다. 재하가 그걸 보고 샘이 났는지, 괜히 무리를 하다가 바지가 찢어졌다. 재하의 팬티를 보고 우리 모두 비명을 질렀다.

똑똑 속담

뱁새는 10센티미터가 조금 넘는 작은 몸집의 새예요. 반대로 황새는 다리도 길고 몸집도 커서 100센티미터가 넘는 키를 자랑하지요. 거의 10배 차이가 나는 셈이에요. 그러니 뱁새가 황새를 따라가기란 쉽지 않겠지요? 이 속담은 **힘에 겨운 일을 억지로 하면 오히려 해를 입는다**는 뜻을 갖고 있어요.

 비슷한 속담? 고사성어!

邯 鄲 之 步
땅이름 **한**　조나라 도읍 **단**　갈 **지**　걸음 **보**

한단지보
: 한단의 걸음걸이*

*한단이라는 도시의 걸음걸이를 배우려다 본래의 걸음걸이까지 잃는다.

 # 현실 자매 전쟁

* 만화 속 틀린 속담을 모두 찾아보아요.

81 누이 좋고 매부 좋다

#오해의_시작 #시후야_조금만_기다려

시후 2

시후
루아야, 내일 수영 끝나고 햄버거 먹으러 갈래?

루아
나 예린이랑 속담 공부 하기로 했어.

시후
또? 좀 섭섭하다.
요즘 공부한다고 전화 통화도 길게 안 하고…….

루아
대회가 2주밖에 안 남았어.

시후
내가 중요해?
속담이 중요해?

루아
우승만 하면 누이 좋고 매부 좋은 거야.

시후
누이는 누구고, 매부는 누군데!
난 하나도 안 좋아!

루아

다 계획이 있다니까! 😉

시후

도대체 꼭 우승해야 되는 이유가 뭔데?

너 좀 변했어. 😭

루아의 마음 일기

속담왕 대회가 얼마 남지 않았다. 그래서 속담 공부로 아주 바쁘다. 공부에 시간을 다 쏟는 바람에 전처럼 시후를 자주 만나지 못했는데, 시후는 그게 서운한가 보다. 내 마음이 변했다니! 내가 속담왕이 돼서 같이 놀이공원에 가게 되면, 시후도 분명 좋아할 거다.

 똑똑 속담

누이는 같은 부모에게서 태어난 여자 형제를 말해요. 매부는 그 누이와 결혼한 남자를 일컫는 말이고요. 그러니까 '누이 좋고 매부 좋다'라는 속담은 어떤 일이 서로에게 다 이롭고 좋을 때 써요.

비슷한 속담? 고사성어!

一 石 二 鳥
한 일   돌 석   두 이   새 조

일석이조
: 돌 하나를 던져 두 마리의 새를 잡는다.

82
소문난 잔치에 먹을 것 없다

#영화관_나들이 #깜짝_손님_외할머니

♥ 우리 가족 ♥ 👤 4

 아빠
주말에 영화 보러 가자! 😊

루아
좋아! 팝콘도 먹을래.

 엄마
뭐 볼 건데?

 아빠
'우리 집에서 생긴 일' 어때?
요즘 많이 보던데.

 로운
친구가 그거 봤는데, 별로였대.

 엄마
소문난 잔치에 먹을 것 없나 봐.

루아
그러면 '몬스터 베이비2' 보러 가자.

 로운
좋아! 나도 그거 보고 싶었어!

엄마
엄마가 예매할게! 😊

 아빠
팝콘은 아빠가 살게! 😘

루아의 마음 일기

오늘은 가족끼리 영화를 보러 갔다. 그런데 깜짝 놀랄 일이 있었다. 외할머니도 오신다는 거다! 나는 할머니 옆자리에 앉아서 같이 영화를 봤다. 영화를 보고 샤브샤브도 먹으러 갔다. 나는 우아하게 고기를 탕에 넣어 익히는 할머니를 보고 따라했다. 정말 맛있었다.

똑똑 속담

좋다고 소문이 자자했는데, 막상 그보다 못하면 매우 실망스럽겠지요? '**소문난 잔치에 먹을 것 없다**'는 큰 기대를 했거나 떠들썩했던 것에 비해 실속이 없을 때 쓰는 말이에요. 소문과 실제가 일치하지 않을 때 쓰기도 하지요.

비슷한 속담? 속담!

✩ **소문난 잔치 비지떡이 두레 반이라** : 소문이나 기대가 떠들썩한 것에 비해 실속이 없다.

83 하룻강아지 범 무서운 줄 모른다

#오빠는_만렙 #하룻강아지가_간다!

로운 2

로운
너네 반에 이민준이라고 있어?

루아
있어. 내 친구야.
민준이는 왜?

로운
어제 나 게임에서 걔 만났어.

루아
민준이도 요새 게임 많이 하나 보네.
누가 이겼어?

로운
하룻강아지 범 무서운 줄 모른다고.
나한테 도전하길래, 확실하게 이겨 줬지.

루아
오빠가 게임을 잘하긴 해.
나도 오빠랑 해 볼래!
나는 못 이길걸? 😎

로운
좋아.

하룻강아지 한 마리가 또 왔군. 😎

루아
누가 이기나 한번 보자고.

루아의 마음 일기

　오빠는 게임을 아주 잘한다. 완전 게임 중독이다. 그래서 아빠가 게임 시간을 정해 주셨다. 나는 1시간, 오빠는 2시간이다. 오빠는 2시간이 10분처럼 짧게 느껴진다고 했다. 오빠가 민준이를 이겼다는 얘기를 듣고, 나도 오빠한테 도전을 신청했다. 자신 있었는데, 또 오빠가 이겼다. 오빠는 신이 나서 엉덩이춤을 췄다.

똑똑 속담

태어난 지 얼마 안 되는 어린 강아지를 하룻강아지라고 해요. 어린 강아지는 호랑이에게 상대가 안되겠지요? 그런데도 호랑이가 얼마나 무서운 동물인지 모르고 덤비는 하룻강아지처럼 철없이 함부로 덤비는 사람에게 '하룻강아지 범 무서운 줄 모른다'라고 해요.

 비슷한 속담? 속담!

☆ **개미가 정자나무 건드린다** : 작은 것이 자신보다 세고 큰 것에 함부로 덤비려 한다.

84 모르면 약이요 아는 게 병

#남자_친구가_고백받은_날 #기분이_이상해

시후 2

시후
나 어제 우리 반 애한테 고백받았어.

루아
뭐?

시후
하지만 거절했어!

루아
응. 그런데 기분이 좀 그렇다.
그런 건 모르는 게 약인 것 같아.

시후
속이는 것보다 솔직한 게 더 나을 것 같아서…….
루아야, 화났어?
미안해. 괜히 말했다.

루아
아니야. 네 말이 맞아.
어떤 앤데? 너한테 고백한 애가?

시후
걔가 어떤 애든 무슨 상관이야!
나는 네가 더 좋아! 😍

루아
흥. 당연하지. 😣
나도 시후 너밖에 없어!

루아의 마음 일기

시후가 다른 애한테 고백을 받았다고 해서 깜짝 놀랐다. 인기가 많았구나. 하긴 시후는 다정하고 태권도도 잘한다. 벌레를 무서워하지만, 그것도 귀엽다. 시후가 고백을 거절했다고 하니 다행이긴 한데 조금 찜찜한 마음도 든다. 빨리 시후랑 만나 수다도 떨고 놀면서 이 찜찜한 기분을 날려 버리고 싶다.

 똑똑 속담

'아는 게 힘'이라는 말이 있어요. 반대로 '모르면 약이요 아는 게 병'이라는 속담도 있지요. 차라리 아무것도 모르는 편이 속 편하고 좋지, 조금 알고 있으면 걱정거리만 되어 오히려 괴롭다는 뜻이에요.

85
가랑비에 옷 젖는 줄 모른다

#몰래_받은_용돈 #그_많던_용돈은_어디에?

외할머니 2

외할머니
루아야.

네 책상 서랍에 용돈 넣었어.

루아
헉. 언제? 😮

외할머니
너 깨기 전에 몰래 넣었지. 😉

루아
할머니 최고! 😍

고맙습니다!

안 그래도 이번 주 용돈 다 써서 걱정이었거든.

간식 조금 사 먹은 것밖에 없는데

언제 다 썼지? 😂

외할머니
가랑비에 옷 젖는 줄 모른다고.

적은 돈이라도 계속 쓰다 보면 동이 나지.

루아

응! 앞으로 아껴 쓸게!

외할머니
할머니 또 놀러 갈게. 🙂

루아

응! 😘

쉿! 루아의 마음 일기

　　오늘 외할머니가 집에 오셨다. 엄마가 만둣국을 끓여서 같이 점심도 먹었다. 점심을 먹고 안방에서 낮잠을 자다가 깼는데 할머니가 보이지 않았다. 벌써 집에 가셨다는 거다. 인사도 못하고 너무 서운했다. 그런데 할머니가 내가 자는 사이 책상 서랍에 용돈을 넣어 놓으셨다. 그 돈으로 할머니께 선물을 사 드리고 싶다.

똑똑 속담

가랑비는 아주 가늘게 내리는 비예요. 그래서 맞더라도 조금씩 젖어 들기 때문에 옷이 젖는 것을 깨닫지 못하지요. 하지만 자꾸 맞으면 흠뻑 젖어 버리겠지요? 이처럼 아무리 사소한 것이라도 그것이 거듭되면 무시하지 못할 정도로 크게 된다는 뜻의 속담이랍니다.

 비슷한 속담? 속담!

⭐ **곶감 꼬치를 먹듯**: 모아 둔 재산을 조금씩 써서 없애다.

86. 벼 이삭은 익을수록 고개를 숙인다

#겸손왕_유진이 #식물_키우기는_어려워

♨ 영원한 삼총사 ♨ 👤 3

예린
수행 평가에서 유진이가 1등 했대! 😃

루아
오, 강낭콩 키우기, 그거? 😮

유진
맞아. 미주가 제일 잘 키우긴 했는데,
관찰 일기는 내가 더 꼼꼼히 썼거든.

루아
우아!

유진
그렇게 대단한 건 아냐.
관찰 일기 꾸준히 쓰면 점수 잘 받는 것 같아.

루아
벼 이삭은 익을수록 고개를 숙인다더니!

예린
역시 유진이. 🙂
관찰 일기도 잘 쓰고 겸손하기까지!

> 루아
> 난 중간에 물 주는 거 까먹어서
> 실패. 😅

 예린
> 나는 예지가 화분 엎었어. 😭

🤫 루아의 마음 일기

학교에서 강낭콩 키우기 숙제를 내 줬다. 유진이가 강낭콩도 잘 키우고, 관찰 일기도 잘 써서 이번 수행 평가 1등을 했다. 나도 화분에 강낭콩을 심었다. 그런데 물 주는 걸 깜빡했다. 당연히 죽은 줄만 알았는데 아빠가 아침마다 물을 줘서 꽤 잘 자라고 있었다. 그래도 관찰 일기는 하나도 못 썼다. 식물 키우는 일은 너무 어렵다.

 똑똑 속담

벼가 노랗게 익어서 추수할 때가 되면 낟알이 달린 부분이 길게 늘어져요. 낟알의 껍질을 벗겨 내면 우리가 아는 하얀 쌀이 나오지요. '**벼 이삭은 익을수록 고개를 숙인다**'라는 말은 아는 것이 많고 능력이 뛰어난 사람일수록 겸손하다는 뜻이에요.

비슷한 속담? 속담!

☆ **물이 깊을수록 소리가 없다** : 생각이 깊고 훌륭한 사람일수록 겉으로 떠들거나 잘난 체하지 않는다.

87 꿩 대신 닭

#사랑과_우정_사이 #둘_다_소중해!

유진 2

루아
뭐함?

오늘 한결 오빠 뮤직비디오 보면서 놀까?

유진
너 시후 만나는 거 아니야? 😮

루아
오늘은 안 만나.

유진
아, 알겠다.

루아
뭐가?

유진
꿩 대신 닭이다?
강시후 대신 채유진?

루아
아니야!
난 친구도 소중하다고! 😣

유진
그럼 내가 꿩이고 시후가 닭인가?

루아
둘 다 꿩이다. 됐어?

유진
감동인데? 😊

 루아의 마음 일기

　오늘은 시후가 아니라 유진이를 만났다. 유진이랑 한결 오빠 뮤직 비디오도 보고, 떡볶이도 먹고, 누워서 만화책도 봤다. 시후는 오늘 할아버지 댁에 간다고 했다. 그래서 만나지 못했지만, 유진이가 있어서 하나도 서운하지 않았다. 나한테는 사랑만큼 우정도 소중하다는 사실!

 **똑똑 속담**

꿩은 닭과 비슷한 크기를 가졌지만, 화려한 깃털이 아름답고 고기 맛도 훌륭해서 예부터 아주 귀한 새로 여겨졌어요. 그만큼 구하기도 어려웠지요. 그래서 꿩을 못 구하면 닭을 대신 썼어요. 이처럼 적당한 것이 없을 때 그와 비슷한 것으로 대신하는 경우에 이 속담을 써요.

88 피는 물보다 진하다

#오빠_최고 #오빠와_나는_O형!

로운 👤 2

루아
아까 고마웠어. 😭

로운
이루아가 고맙다는 말도 하다니! 😮
걔네 강시후네 학교 애들이지?

루아
응. 나랑 시후 사귄다고
놀리는 거야.

로운
바보들이네.

루아
진짜 말싸움으로 제대로 붙었으면 다 이겨 버리는데!
치사하게 길 가는데 갑자기 놀리잖아.
그러니까 당황해서 말이 안 나오더라고.

로운
그때 내가 딱 나타난 거지. 😎

> 루아
> 응. 😭 오빠가 내 편 들어 줘서 놀랐어.

로운
> 피는 물보다 진하다!

> 루아
> 진짜 피가 물보다 진했어!
> 오늘은 오빠 최고! 👍

루아의 마음 일기

　길을 가다가 강시후네 학교 애들을 만났다. 어떻게 알았는지 나를 보자마자 놀리기 시작했다. 사귀는 게 뭐가 어때서? 어이가 없었다. 다른 때 같으면 뭐라고 해 줬을 텐데 너무 갑자기 일어난 일이라 말이 잘 안 나왔다. 그때 오빠가 나타난 거다. 오빠가 무슨 일이냐고 묻자 애들이 도망갔다. 오늘은 오빠한테 좀 고마운 날이다.

똑똑 속담

가족은 함께 '피'를 나눈 사람이에요. 그러니까 '피는 물보다 진하다'라는 말은 다른 사람에 비해 가족의 정이 더 깊고 끈끈하다는 뜻이지요.

89 보기 좋은 떡이 먹기도 좋다

#고양이_쿠키? #외할머니는_금손

외할머니 👤 2

 외할머니
할머니가 루아 주려고 쿠키 구웠어!
어때? 🙂

루아
우아! 우아!
이렇게 예쁜 쿠키는 처음 봐. 😍

 외할머니
루아가 좋아하는 고양이야.
보기 좋은 떡이 먹기도 좋다니까.
할머니가 솜씨 발휘 좀 해 봤지! 😉

루아
완전 귀엽고,
완전 맛있어 보여!

외할머니
할머니도 먹어 보고 맛있어서 깜짝 놀랐어!
할머니가 이따 가져갈게! 😊

루아
응! 빨리 와!

루아의 마음 일기

　　외할머니가 고양이 모양 쿠키를 만들어 오셨다. 너무 귀여워서 보자마자 소리를 질렀다. 쿠키에 고양이 눈, 코, 수염까지 다 그려져 있었다. 봄이는 고양이 쿠키가 신기한지 와서 냄새를 맡았다. 쿠키는 맛도 좋았다! 나는 쿠키를 다섯 개, 오빠는 일곱 개나 먹었다. 결국 배가 불러서 저녁도 먹지 못했다. 할머니가 다음에는 꽃 모양 쿠키를 만들어 오셨으면 좋겠다.

 똑똑 속담

먹음직스러워 보이는 음식을 두고 입에 침이 고인 적 있나요? '보기 좋은 떡이 먹기도 좋다'라는 말은 내용이 좋으면 겉모양도 그럴듯하다는 뜻이에요. 또 겉모습을 잘 꾸미는 것도 중요하다는 의미도 담고 있답니다.

90 하늘이 무너져도 솟아날 구멍이 있다
91 물에 빠지면 지푸라기라도 잡는다

#봄이_가출_사건 #친구_이민준의_발견

민준 2

루아
혹시 공원에서 우리 봄이 봤어?

민준
이루아 웬일이냐.
수빈이랑 친하게 지낸다고 인사도 안 받더니. 😒

루아
봄이가 집에 없어. 집 나간 것 같아. 😢

민준
뭐?

루아
어쩌지? 😢
경찰서에서 고양이도 찾아 주나?

민준
하늘이 무너져도 솟아날 구멍이 있댔어.
내가 같이 찾아 줄게.

루아

고마워, 민준아. 🥲 🥲

지금 물에 빠져서 지푸라기라도 잡고 싶은 마음이야.

민준

금방 너네 동네로 갈게!

조금만 기다려.

🤫 루아의 마음 일기

집에 왔는데 봄이가 안 보였다. 베란다 창문을 통해서 밖으로 나간 것 같았다. 머릿속이 새하얘졌다. 여기저기 연락해서 봄이 봤냐고 물었는데, 민준이가 제일 먼저 답장을 했다. 나는 민준이랑 같이 봄이의 이름을 부르며 아파트 단지를 돌아다녔다. 그런데 어디선가 '야옹' 하는 소리가 났다. 봄이였다! 나는 봄이를 안고 엉엉 울어 버렸다. 민준이에게 정말 고마웠다.

 똑똑 속담

만약 하늘이 무너지면 어떨 것 같나요? 다시 좋아질 희망이 하나도 없을까요? 그렇지 않아요. '하늘이 무너져도 솟아날 구멍이 있다'라는 말처럼, 아무리 어려운 경우에 처하더라도 그것을 극복할 방법은 반드시 있답니다.

'물에 빠지면 지푸라기라도 잡는다'는 위급한 상황에서 벗어나기 위해 무엇이나 닥치는 대로 잡고 늘어진다는 뜻이에요.

92. 매도 먼저 맞는 놈이 낫다

#주사_싫어! #피자랑_아이스크림은_좋아!

♥ 우리 가족 ♥ 👤 4

엄마
오늘 아빠랑 독감 예방 주사 맞으러 갔다 와.

로운
아빠도 맞아?

아빠
아니. 로운이랑 루아만 맞아.

루아
나 주사 싫어! 😭

아빠
아빠가 손잡아 줄게. 괜찮아. 😊

로운
그럼 내가 먼저 맞을래!
매도 먼저 맞는 놈이 낫다고 했어.

루아
주사도 싫고, 매도 싫어! 😭

아빠
주사를 맞아야 나쁜 바이러스를 물리칠 수 있지.

엄마
주사 맞고 오면 맛있는 거 사 줄게.

루아
그럼 난 피자!
그리고 아이스크림도!

루아의 마음 일기

나는 주사가 싫다. 맞아야 한다는 건 알지만 그래도 싫다. 오늘은 오빠랑 같이 맞아서 좀 낫긴 했다. 주사 바늘이 들어간 줄도 몰랐다. 주사를 맞고 오니 엄마가 약속대로 피자와 아이스크림을 사 주셨다. 든든하게 먹어야 몸속에 들어간 주사약이 힘을 쓴다고 하셨다. 그렇다면 배 터지게 먹어야지!

 똑똑 속담

이러나저러나 매를 맞는 일은 달갑지 않아요. 그러나 이왕 겪어야 할 일이라면 아무리 어렵고 괴롭더라도 먼저 치르는 편이 낫다는 뜻으로 이 속담을 써요.

 비슷한 속담? 고사성어!

先 憂 後 樂
먼저 선 근심 우 뒤 후 즐길 락

선우후락
: 다른 사람보다 먼저 근심하고, 다른 사람보다 나중에 즐긴다.

93

말 한마디에 천 냥 빚도 갚는다

#교실_공놀이_금지 #우리_반_대책_회의

★ 4-1 친구들 ★ 10

도현
교실 화분 깬 거,
내일 선생님이 알면 화낼 거야.

미주
그러니까 교실에서 공놀이 하지 말랬잖아.

수빈
다들 어쩔 거야?

루아
말 한마디에 천 냥 빚도 갚는다잖아.
내일 선생님한테 잘 이야기해 보자.

재하
알겠어.
그런데 내 공인 것도 말해야 하나?

예린
뭐든 사실대로 다 말하는 게 좋을 것 같아.

미주
응. 나는 찬성.

202

수빈
그런데 선생님한테 누가 말하지?

루아
휴.

내가 대표로 말할게.

쉿! 루아의 마음 일기

교실에서 한바탕 난리가 났다. 재하가 공을 가지고 오면서 바로 공놀이가 시작됐다. 지난달에도 교실 안에서 공을 가지고 놀다가 어항을 깬 적이 있었다. 그래서 공놀이 금지를 당했었는데, 오늘 그 규칙을 어기고 또 공놀이를 하다가 화분을 깨고 말았다. 우리 반의 평화도 같이 깨져 버렸다. 내일 선생님께 용서를 빌어야겠다.

똑똑 속담

'**말 한마디에 천 냥 빚도 갚는다**'라는 말은 **아무리 어렵거나 불가능해 보이는 일이라도 말만 잘하면 헤쳐 나갈 수 있다**는 뜻이에요. 거짓말보다는 솔직한 말이, 헐뜯는 말보다는 칭찬의 말이 더 좋겠지요?

비슷한 속담? 속담!

☆ **말이 고마우면 비지 사러 갔다가 두부 사 온다** : 말을 고맙게 하면 후한 대접을 받는다.

94

천 리 길도 한 걸음부터

#신나는_댄스_댄스 #채유진_데뷔해!

♨ 영원한 삼총사 ♨ 👤 3

루아
오늘 진짜 재밌었어!
춤추는 거 은근 재밌다! 😆

예린
내가 이렇게 몸치일 줄이야. 😂

유진
천 리 길도 한 걸음부터래.
매일 연습하면 금방 늘걸?
나도 그랬거든. 😎

루아
채유진이 걸그룹 댄스를 따라 추다니!

예린
유진이 정말 잘하더라.

유진
원래는 한결 오빠 춤만 따라 추다가
춤에 관심 생겨서 동영상 보면서 연습했지! 😎

루아
역시 한결 오빠의 힘인가?

유진

다음 주에는 한결 오빠 노래로 추자!

쉿! 루아의 마음 일기

오늘 유진이네 집에 모여서 놀았다. 예린이가 걸그룹 동영상을 틀었는데, 유진이가 갑자기 춤을 추기 시작했다. 예린이와 나는 어리둥절했다. 유진이가 춤을 너무 잘 췄기 때문이다. 그래서 우리는 유진이에게 춤을 배웠다. 센터는 유진이! 나랑 예린이는 각각 왼쪽과 오른쪽을 맡았다. 진짜 재미있었다.

똑똑 속담

'리'는 거리를 재는 단위로, 옛날에 주로 쓰던 말이에요. 천 리는 서울에서 부산까지의 거리라고 생각하면 이해하기 쉬워요. **'천 리 길도 한 걸음부터'**는 아무리 먼 거리라도 처음 한 걸음을 떼야 하는 것처럼, **무슨 일을 하더라도 시작이 중요하다**는 뜻이에요.

비슷한 속담? 고사성어!

登 高 自 卑
오를 등 높을 고 스스로 자 낮을 비

등고자비
: 높은 곳에 오르려면 낮은 곳에서부터 시작해야 한다.

95 다 된 죽에 코 빠졌다

#오빠_미안해 #나는_사고뭉치_동생

로운 2

루아
오빠…
화 많이 났어?
내가 떡꼬치 사다 줄까?

로운
됐어. 진짜 멘붕이다. 😫

루아
내가 잘못했어. 😢
오빠가 힘들게 그린 그림인데…….

로운
그래. 내가 힘들게 그린 그림인데. 😢
네가 우유 쏟아서 다 망쳤지.
다 된 죽에 코 빠졌다는 게 이런 건가.

루아
나는 그냥 우유만 먹으려던 건데. 😢
진짜 미안해.

로운
네가 잘못했으니까,

나 다시 그림 그리는 거 도와줘.

루아

알겠어.

내가 물감도 새로 가져올게.

루아의 마음 일기

오빠가 숙제로 그림을 그리고 있었다. 나는 우유를 마시면서 오빠의 그림을 구경했다. 그러다가 일이 터지고 말았다. 내가 우유를 그림에 쏟아 버린 거다. 오빠가 크게 화를 낼 줄 알았는데, 조용히 방에 들어가더니 문을 닫았다. 그게 더 무서웠다. 나는 오빠의 그림 그리기 숙제를 도와주면서 용서를 빌었다.

 똑똑 속담

열심히 죽을 만들고 곧 그릇에 내어 먹는 일만 남았는데, 죽에 코가 빠진다면 어떻게 될까요? 죽을 먹지도 못하고 버려야 할 테니, 힘이 빠지겠지요? **'다 된 죽에 코 빠졌다'**는 열심히 노력해서 거의 다 한 일을 망쳐 버렸을 때 쓰는 속담이에요.

 비슷한 속담? 속담!

☆ **잘되는 밥 가마에 재를 넣는다** : 남의 다 된 일을 방해하다.

96 가재는 게 편

#자전거_맨의_눈물 #나도_몰랐던_내_친구

민준 2

루아
내가 걔네들 다 혼내 줬어!
민준아, 괜찮아?

민준
응. 고마워.
아까는 나도 모르게 눈물이 났어.

루아
나는 친구 놀리는 애들이 제일 별로더라.
가재는 게 편이라잖아.
나는 무조건 네 편이야!

민준
우리 부모님이 이혼했다고
수빈이가 날 싫어하진 않겠지?

루아
무슨 소리야!
박수빈 별로긴 하지만, 그런 애는 아니야.

민준
응. 고마워, 루아야.

나도 수빈이를 믿어.

루아

그러니까 힘내, 민준아!

루아의 마음 일기

오늘 학교에 민준이네 부모님이 이혼했다는 소문이 퍼졌다. 결국 민준이는 화장실에 가서 울고 말았다. 민준이는 나랑 가장 친한 친구 중 한 명이다. 그래서 화가 났다. 민준이를 두고 속닥거리는 애들한테 가서 큰 소리로 화를 냈다. "부모님이 헤어질 수도 있지! 그리고 너네는 부모님이 이혼하면 안 슬프겠냐?" 하고 말하니까 아이들이 조용해졌다. 민준이가 얼른 기운을 내면 좋겠다.

 똑똑 속담

가재와 게는 다른 동물이지만, 딱딱한 등껍질과 집게를 가졌다는 공통점이 있어요. 이처럼 모양이나 형편이 비슷하고, 사이가 가까운 사람들끼리 어울리며 감싸 준다는 의미로 '가재는 게 편'이란 속담을 써요.

 비슷한 속담? 속담!

☆ 초록은 동색 ☆ 이리가 짖으니 개가 꼬리 흔든다
: 처지가 비슷한 사람들끼리는 같은 편이 되기 쉽다.

97. 황소 뒷걸음치다가 쥐 잡는다

#찍기의_달인 #찍기도_실력이라면_실력

외할머니 2

루아
할머니 나 오늘 학교에서 칭찬받았어!

외할머니
오, 축하해! 🙂

루아
수학 시간에 아무도 모르는 문제 답을 맞혔거든.
그런데 사실 그냥 찍은 거였어.
황소 뒷걸음치다가 쥐 잡은 격이지.

외할머니
아이고, 그랬어?

루아
아빠한테는 찍었다는 말 안 하고
그냥 어려운 수학 문제 맞혔다고 하니까
잘했다고 짜장면이랑 탕수육 사 줬어. 😊

외할머니
아빠가 알면 깜짝 놀라겠네.

> 루아
> 완전 어이없어 하겠지?
> 아빠한테는 비밀이야. 😉

 외할머니
> 응. 비밀 지킬게. 😊

쉿! 루아의 마음 일기

나는 수학을 안 좋아한다. 숙제도 억지로 한다. 그런데 오늘 수학 시간에 운 나쁘게도 선생님이 나한테 답을 물어보셨다. 나는 당황해서 아무 답이나 찍었다. 그런데 그게 정답이라는 거다! 운 나쁜 날에서 운 좋은 날로 바뀌었다. 갑자기 나는 수학을 잘하는 애가 돼 버렸다. 이 얘기를 아빠한테 하니까, 아빠가 엄청 좋아하시면서 짜장면이랑 탕수육까지 사 주셨다. 조금 찔리는 마음이 든다.

 똑똑 속담

'**황소 뒷걸음치다가 쥐 잡는다**'라는 속담은 황소가 뒷걸음질을 치다가 우연히 쥐를 밟아 잡듯, 어쩌다 우연히 이룬 상황을 말해요. 하지만 그럴 확률은 아주 낮겠지요?

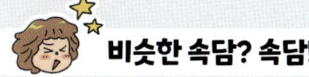

⭐ **소 밭에 쥐 잡기** : 어쩌다 우연히 이루거나 알아맞히다.

98 쥐구멍에도 볕 들 날 있다

#민준이의_실연 #13일의_연애

민준 2

민준
나 박수빈이랑 깨짐.

루아
너희 사귄 지 얼마 안 되지 않았어?

민준
13일 됐지.
생각보다 오래 사귀었네.
작년에는 한 시간 만에 헤어진 적도 있어.
나는 왜 항상 이 모양일까.

루아
힘내. 쥐구멍에도 볕 들 날 있다 잖아.
아주 가까운 곳에
널 좋아하는 친구가 있을지도 모르고.

민준
그럴까?
날 좋아해 주는 애가 있긴 할까?

루아
있긴 한데…….

민준
그게 누군데?

루아
쉿, 비밀이야.

 루아의 마음 일기

민준이가 박수빈이랑 헤어졌다. 나에게는 기쁜 소식이다. 나는 민준이랑 친구지만, 박수빈이랑은 사이가 안 좋으니까. 이제 예린이에게 다시 기회가 온 것 같다. 얼른 알려 줘야지. 민준이와 예린이의 쥐구멍에 은하수가 쏟아질 차례다!

똑똑 속담

쥐가 드나드는 쥐구멍은 낮이나 밤이나 어두컴컴해요. 하지만 빛이 들면 따뜻하고 밝겠지요? '**쥐구멍에도 볕 들 날 있다**'라는 말은 깜깜하고 힘들었던 시기를 잘 보내면 따뜻하고 밝은 빛처럼 좋은 일이 찾아온다는 뜻이에요.

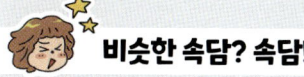 비슷한 속담? 속담!

☆ **개똥밭에 이슬 내릴 때가 있다** : 당장은 아주 힘이 들어도 언젠가 좋은 날이 온다.

99 누워서 침 뱉기

#다_들었어! #내_욕했지?

로운 2

루아
아까 집에 오빠 친구들 놀러 왔을 때
내 욕했지? 😡

로운
안 했어!

루아
오빠 방에서 친구들이랑
이루아 어쩌고저쩌고하는 거 다 들었어!

로운
내가 친구들한테 내 동생 욕을 왜 하냐? 😔
누워서 침 뱉기지.

루아
그래?
내 욕 안 했다고?

로운
욕은 안 하고 사실을 말했지.
이루아가 말도 너무 안 듣고 시끄럽다고.

루아
뭐야! 내 욕 했네! 😡

로운
그게 무슨 욕이야! 😏

루아
치사하게 오빠가 동생 욕을 하냐?

쉿! 루아의 마음 일기

오늘 오빠가 집에 친구들을 데려왔다. 엄청 크게 웃고 시끄럽게 떠들어서 거실에 있는 나한테까지 소리가 다 들렸다. 그런데 오빠 방에서 이루아 어쩌고저쩌고하는 소리를 들었다. 내 욕을 하는 게 분명했다. 오빠가 내 칭찬을 할 리는 없기 때문이다. 하지만 상관없다. 나도 친구들한테 오빠 욕을 하니까.

똑똑 속담

누워서 침을 뱉으면 어떤 일이 벌어질까요? 침이 자기 얼굴 위로 떨어지겠지요? '**누워서 침 뱉기**'는 누워서 침을 뱉어 보아야 제 얼굴에 떨어지듯, **자신에게 해가 돌아올 짓을 한다**는 뜻이에요. **남을 해치려고 하다가 도리어 자신이 해를 입는다**는 의미로 쓰이기도 하지요.

비슷한 속담? 속담!

☆ **제 발등을 제가 찍는다** : 자기가 한 일이 도리어 자신에게 해가 된다.

100 병 주고 약 준다

#우리의_사이는_과연? #속담왕_대회_하루_전

시후 2

 시후
우리 당분간 못 만날 것 같아.

루아
왜? 장난치는 거지?

 시후
엄마가 너랑 사귀는 거 알았어.
우리 너무 어려서 사귀는 건 안 된대.

루아
뭐?

 시후
그냥 친구로 지내는 거면 모를까,
어린애들이 사귀는 건 안 된다고…….

루아
말도 안 돼.

 시후
하지만 나는 너를 좋아해.
헤어지지 않을 거야.

루아

병 주고 약 주니?

 시후

미안해. 😭

내가 엄마한테 잘 말해 볼게.

루아의 마음 일기

도대체 무슨 일이 벌어진 거지? 황당해서 말도 안 나온다. 이럴 줄 알았으면 시후랑 더 자주 만나서 놀 걸 그랬다. 속담 공부한다고 자주 만나지도 못했는데……. 내일이 바로 속담 대회다. 지금 이 기분으로 속담 대회에서 1등을 할 수 있을까? 이제 1등을 해도 시후랑 놀이공원을 갈 수가 없게 됐는데. 눈물이 났다.

똑똑 속담

'병 주고 약 준다'는 남의 마음이나 몸을 아프게 하고 약을 준다는 뜻이에요. 병을 줘서 아프게 해 놓고 다시 약을 주며 도와주는 척하다니, 당하는 사람의 입장에서는 어이없고 황당하겠지요?

비슷한 속담? 속담!

☆ **등 치고 배 만진다** : 남의 등을 치고서 배를 만져 주는 척하듯, 남에게 해를 입히고 돕는 척하다.

어린이 속담왕은 누구?

*만화 속 틀린 속담을 모두 찾아보아요.